まえがき

人生を順風満帆に過ごしている人は、いったいどれくらいいるのでしょう。誰しもが、幸せに人生を送りたい、と願っているのに、思いがけない苦難に遭遇することがあります。

私は岡山市で歯科医をやっていて、うまくいっているほうだと思いますが、ここにくるまでに、調子のよいとき、悪いとき、その両極端を経験しました。仕事だけでなく、家庭のこともそうです。順調なときは、自信をもってグイグイと歩んでいました。しかし、困難に直面してみると、どう乗り越えていいのかわからず、やることがすべて裏目に出てしまい、八方ふさがりになったことがありました。

そんなときに、救いを求めて出会った人が、私にこうアドバイスしてくれたのです。

「運命は自らの力で変えることができます。人間学を勉強しなさい」

その人は、安岡正篤《やすおかまさひろ》さんの「人間学」を勉強したことで救われた体験の持ち主でした。

安岡さんは明治に生まれ、戦前から戦後の高度成長期にかけて、政財界人の精神的な指導者として知られた思想家です。

安岡さんの教えを学ぼうと、ある本を読んでみると、そこには、「人間を木にたとえれば、真ん中の幹が徳であり、知識や技術は枝葉である」と書いてあったのです。知識や技術を大事に思っていた私の価値観を、真っ向から否定されたのは衝撃でした。しかし、当時戸惑ってばかりいた私を励ましてくれる、ある「言葉」に出合ったことで、安岡さんの教えを素直に受け入れることができました。学んでいくと、やがて身のまわりに変化がでてきたのです。

たとえば、長年ケンカの絶えなかった妻とは、話が通じるようになりましたし、心を患った娘を見舞い続けたところ病気は快復し、娘と親子の関係を築くことができました。また、スタッフから「定年までいさせてください」と言われるような歯科医院になりました。

実は、安岡さんの「言葉」を通して「運命をひらいた」のは、私だけではありません。まわりにいる人にも変化がありました。

そういうことを見るにつけ、誰もが体験しそうな人生の浮き沈みや挫折に、安岡さんの「言葉」が役立つということを伝えたい、と思うようになったのです。一人でも多くの人に、「運命をひらく」ヒントになる安岡さんの「言葉」を、身近に感じてもらいたい。そういう思いにかられて、この本を書きました。

人に言えない悩みを抱えているとき、安岡さんの「言葉」に触れると、不思議なもので、じわじわと心に響いてくるものがあります。お節介かもしれませんが、一つでもその「言葉」を知って、人生を楽しく過ごせるように「運命をひらいて」いただけたら、望外の幸せです。

『「運命」はひらける！』目次

第二章　私を襲った二つの危機——仕事と家庭　079

第三章　安岡正篤本の読み方　127

第五章 こうして運命がひらけた 207

ブックデザイン＝竹内雄二
ＤＴＰ＝石井裕一

第一章

こんなときに安岡正篤の教えに立ち返る

人間学の二大条件

ことあるごとに妻と衝突してしまう

安岡正篤さんの人間学を学んで、私自身がどう変わったのか。

私が言うより、近くで見ていた妻に話してもらったほうがいいかもしれません。

＊＊＊

主人が安岡正篤さんのこと、人間学のことを勉強するようになったのは、歯科医院の顧問になってもらった経営コンサルタントの齋藤忠さんのアドバイスがきっかけです。

それまで読む本といえば、経営の本ばかりでした。会計のこととか、どうすれば儲かるかが書いてある本。それがガラッと変わって、人間学関係の本ばかり読むようになりました。いま院長室の本棚には、人間学に関する本や中国の古典の本がずらっと並んでいるようです。

それで何が変わったかというと、何をやるにしても、「俺が偉い、俺が」という考え方だった人が、まずは「人を大事にしないといけない」と口にするようになったことです。「あ、言っていることがまっとうになったな」と思います。

それまでは、「家庭を大事にできない人は、職場でも人を大切にできないのよ」と、ことあるごとに主人には口うるさく言っていました。傍《はた》から見ていて、主人のやり方では限界がくるなというのが予想できたので、それに早く気づいてほしい、という一心でした。

ところが私の言い方がストレートすぎるのか、まったく聞く耳を持たない。「よけいなことに口出しするな」と、言い返されたこともあります。人として基本的なことを言っているのに、「なんでわからないの」と思っていました。

それが、あるときから、「人を大事にしないといけない」と口にするようになったのです。「あ、主人と話が通じる」と感じるようになりました。それは、私が前々から考え方の基本にしてきたことだからです。

「〝夫婦の価値観が近いと楽〟って、こういうことなのか」と、夫婦を二〇年以上やってようやく思えるようになりました。

最近になって、主人が人に「幸せを与えられる」ようになったというようなことを、知人から聞きました。いいことです。それまでは、がむしゃらに権力や名誉を求めて走っていた。その結果がどうであれ、主人の心はいつも満たされていなかったに違いない。涸渇していた、と言ったほうがいいでしょうか。

人から喜ばれることを進んでやるようになってからは、主人の心が満たされているんだなあ、と感じることが多くなりました。

人というのは、体験を通じて行動がステップアップするそうです。

人間を車輪にたとえれば、「知」の車輪だけではなくて、「徳」の車輪が伴うことで、快適に前に進むことができる。ところが、厳しい言い方かもしれないけど、主人は「知」の車輪ばかりが大きくて、「徳」の車輪が小さかったので、努力すればするほど一か所にとどまってぐるぐる回りになってしまい、めまいで倒れそうになっていた。その繰り返しだった。

安岡さんの教えに触れたことで、「徳」が身についたから、両輪で前に進めるようになったんだと思います。

＊＊＊

◉関連する安岡正篤さんの言葉

自ら靖《やす》んじ、自ら献《けん》ずる

安岡さんが「人間学の第二条件」に挙げている言葉で、意味は、精神・学問を修めることによって、内面的には良心の安らかな満足を得ること、またそれを外に発しては、世のため、人のために尽くすこと。
「自靖自献《じせいじけん》」は『書経《しょきょう》』にある言葉です。

掲載先例／『知命と立命』二三ページ（新装版二三ページ）

人間学の二大条件

家計がピンチ、夫婦仲が険悪になった

これから紹介するのは、縁あって私が歯科医院経営のコンサルティングをすることになった方のお話です。

歯科医院としては利益が出ているのに、家のお金が急速に足りなくなったことが原因で、夫婦が相互不信に陥り、一時は離婚を真剣に考える状態になりました。資金繰りも、家庭のこともギリギリまで追い詰められて、私に経営のアドバイスを求めてきました。

それを機に立ち直ることができたのですが、人間としても大きく変わり、私のもとで「人間学の勉強」を続けておられます。

この歯医者さんが直面した問題とそこから立ち直っていく様子は、まるで昔の自分を見るようです。本人に、その体験を語ってもらいましょう。

＊＊＊

ドクター一人に歯科衛生士など女性スタッフ数人でやっているよくある町の歯医者さん、私もそんな歯科医院の院長です。開業して一〇年ぐらいまでは、順風満帆でやっていました。ところが一〇年を過ぎるころから、問題が出てきたのです。女性スタッフが次々と短期間で退職してしまい、定着しない。そういうことを繰り返しているうちに、経営がおかしくなってきました。会計上は歯科医院の利益が出ているのに、家の資金繰りが急速に苦しくなってきたのです。

会計を担当している妻は、手元のお金がどんどん足りなくなっていくのを疑問に思い、隠れて何かにお金を注ぎ込んでいるのではないか、と私を疑うようになりました。私なりにプライベートで使うお金をセーブしたのですが、それでも不足状態は変わらない。今度は私のほうが、妻が服や宝飾品やバッグなどに隠れてお金を使っているんじゃないか、と勘繰るようになりました。

互いに疑心暗鬼の状態なのですから、家庭の雰囲気はギスギスしていきます。いや、いまにして思うと修羅場でした。「お金がないのはあんたのせいや」などと、責めたててくる妻。気が収まらないと、モノが飛ぶこともありました。反論でもすると、夫婦ゲンカのとばっちりを受けるのは子どもです。「僕が辛抱せんといけん」と我慢するのですが、ときには情けなくて一人、ベランダで泣いたこともありました。

手元のお金が減っていき、ベンツも売りましたが、どうにもならない。とうとう借り入れた資金が底を突きそう、というところまで追い込まれました。

「夫婦のリセットボタンを押すしかないか」

披露宴に出席してくれた人たちの顔を思い浮かべながら、悩む日々が続きました。息子を見ると、われわれ夫婦の都合で「この子を不幸にしてはいけない」という思いが込み上げてきます。

どうにかして解決しないと……。

親しい歯科医の先輩に相談することも考えましたが、お金の問題が絡んでくると、関係がややこしいことになります。すがるような思いで、オリーブ歯科の院長をしている小林さんにお願いにあがったのです。小林さんのことは知り合いを通して「岡山のオリーブ歯科の小林先生は、決算書を見させたら日本で一番」との評判を聞いていたからです。

実をいうと、その一年前に、経営指導のお願いをしていたのです。しかし、そのときは、私はチノパンに開襟のシャツという格好、診療が長引いて待ち合わせの時間に遅れて到着、ネクタイ姿の小林さんをその店の前で待たせていたのです。しかも、「同じ院長同士なんだから」という認識でいましたので、相談に乗ってもらうというのに、私はため口で話をしていました。

「人間としての基本がなっとらん!」とまずは礼儀などについてたしなめられましたが、それでも経営の立て直し方についてアドバイスをいただきました。

それをもとに、自分でなんとかしようと一年ほど取り組んだのですが、じり貧になっていくばかり。結局、一人ではどうにもならず、再び小林さんのもとにお願いにあがることにしたのです。私は必死でした。

「しょうがないな、決算書を見るだけだぞ」

と言って、小林さんは引き受けてくださいました。

なぜ引き受けてくださったのか？　その理由は詳しくおっしゃいませんが、グループ展開に熱心だった小林さんの心境に大きな変化があったらしく、私の相談に乗ってくださったのです。

ともあれ、経営資料をすべて預けた一か月後に、「夫婦で来なさい」と連絡が入りました。その場で、小林さんからこう言われたのです。

「悪いのは夫婦のどちらでもない、あなたたちを苦しめているのは税金だよ」

そのひと言で、私たち夫婦は救われました。リセットボタンを押さずに済んだのです。

医院の初期投資の償却が終わって税額が増えたところに、利益が出ている関係で予定納税をすることになったため、手元に残るお金が急激に減っていたのです。その対策をせずに以前と同じ調子で暮らしていれば、お金が足りなくなるのは当然でした。

小林さんは、私たちのために再建計画を作成。借り入れなどを見直したおかげで、あれほど苦しんでいた資金繰りが楽になり始めました。気づいてみると、ベンツを取り戻すどころか、家を買いそのローンを払っていける状態にまでなったのです。

経営が立ち直って気が緩んできたころに、小林さんから鋭い指摘を受けました。

「決算書が読めるようになって経営はよくなった。でも、それだけじゃうまくいかないことがあるだろう。それには人間学、安岡正篤さんの教えを学ぶことだよ」

どういうことか尋ねると、人間学を勉強することで、予想外のことが起こってもあわてない、心配事があってもへこたれない人間になれる、とおっしゃるのです。

「窮《きゅう》して困《くる》しまず、憂えて意《こころ》衰えず、禍福《かふく》終始を知って惑わざるがためなり」

人生の複雑な問題に直面しても惑わないように、ふだんから勉強をしておくとよい、ということです。

このように小林さんから聞く安岡正篤さんの教えは、聞いたことのない言葉がほとんどでしたが、その解説までしてもらうと、「自分が変わらないと、何も変わらないのだ」と納得がいきました。教えを書きとめたノートは、何冊にもなりました。

それまで私は「世の中は全部、オレに合わせて回っている」くらいに思っていて、何かトラブルがあると全部、人のせいにしていました。家庭に問題があれば、「嫁さんのせい」に、歯科医院に問題があれば「スタッフのせい」にして、やり過ごしていたのです。

「感謝」という言葉があることも、その意味も、知らなかったのです。誰のおかげで自分があるのか？　誰のおかげで、歯科医院がうまくいっているのか？

そういう問いかけを自分にしていくうちに、親や従業員に対する感謝の気持ちが込み上げてくるようになりました。離婚の危機や歯科医院の経営危機を乗り越えても、まだまだ学ぶことはあります。月に一回、小林さんの熱血指導を受けに行くのは、そのためなのです。

＊＊＊

◉関連する安岡正篤さんの言葉

窮して困《くる》しまず、憂えて意《こころ》衰えず、禍福終始を知って惑わざるがためなり

「出世」や「成功」をするためでなく、予想外のことが起こってもあわてない、心配事があってもへこたれない、つまりは人生の複雑な問題に直面しても惑わないために、ということです。中国の古典『荀子《じゅんし》』にある言葉で、何のために学問をするのか、という問いかけに対する答えの一文です。安岡さんは「人間学の第一条件」として、この一節を紹介しています。

掲載先例／『知命と立命』一三ページ〜（新装版一三ページ〜）

徳性　人間学の根本

人を育てるのに、大事なものは何か
——徳と仁・義・礼・智・信

歯科医院を運営するにあたり、人としての基本である「徳」が大事だと気づいてからは、院長を務めるオリーブ歯科だけでなく、歯科医院グループ「アスペック」のスタッフとともに、安岡人間学の勉強会を続けてきました。

「徳」を大事にすることが、グループ全体に浸透し、患者さんに「いい歯科医院ね」とお褒めの言葉をいただく一因になっています。それができているのは、中核メンバーが、社是に掲げている「徳」のことを、よく理解しているからです。

その一人が、神業ともいわれるブラッシング技術の持ち主のYさん。マネージャーとしてグループの歯科衛生士の育成指導も担当するYさんは、どうしても難しくなりがちな徳の話を、上手にかみ砕いて若い人たちに説明しています。

安岡人間学の勉強会がどうだったのか、Yさんに語ってもらいました。

＊＊＊

いつだったか忘れてしまいましたが、院長（小林さん）が思い立ったように、スタッフ向けに「人間学の勉強会をやるぞ」と言いだしました。毎月一回、二時間ぐらいの勉強会。「ああ、いい話だな」と思ったことをアウトプットする場が、私にとっては家でした。子どもに話して聞かせるのです。「こういうところをきちんとすれば、まわりの人はちゃんと見てくれるから」とか、「こういうことだから、挨拶は大切なんだよ」といったことです。

ただ、世間には「挨拶しなさい」と言う親はいても、「なぜ挨拶をしないといけないか」まで説明する人はいないので、周りからは「変な人」と思われていたかもしれません。

もちろん、歯科医院の仕事にも、人間学を活かしています。新人歯科衛生士向けの研修では、社是である「徳の五つの要素」を、私なりに資料をつくって、次のように説明します。

「仁」は、人を愛すること、人に恵みを与え、人を思いやり、いつくしむ心。

「義」は、人として行うべき、正しい道。ひと言で言えば「常識」です。

「礼」は、感謝する心。「挨拶」や「返事」をきちんとすることです。

「智」は、知識を活かす知恵を持つこと。「応用力」のことです。

「信」は、いつわりのない心。嘘をついたりしないことです。

「仁・義・礼・智・信」。この五つをちゃんとできるようになることが「徳」ですよ、と教えています。

人間学を大切にすることは、安岡正篤さんの教えだということですが、私にとっては「院長の教え」なんです。

どういうことかというと、目の前で困ったことが起きたときに、「院長だったらなんて言うかな」とひとまず冷静になって考えられるようになったからです。ほかにも、「この人はいま、こうしているけど、それはこういう理由があってしているんじゃないか」と、物事を相手の側からも考えられるようになり、一方的に相手を責めることがなくなりました。また、考えが悪いほうへ転がっていかないようにしていれば、ドツボにはまらないで済みます。すべては考え方なんだということを、「院長の教え」で学んでいます。

＊＊＊

診療の現場に近い人たちにとっては、私の言葉よりもYさんが身をもって示す姿が、最高の「人間学のお手本」になっているのではないでしょうか。

また、もう一人の中核メンバー、グループの事務全般を担当しているFさんは、人間学教育をこう受け止めています。

「院長が歯の話ではなく、人間学が大事だという話を始めた当初は『何を言いだしたんだろう』と思って、ちょっと引きました。なんか宗教臭いなあ、と戸惑いがあったのも事実です。でもよく聞くと、『相手を思いやる』とか、人として当たり前のことで、インパクトがありました」

Fさんは、人として当たり前のことができているか、自問自答するようになり、考え方の軸が自分のなかにできたそうです。また、人間学の教育を受けて人間性を高めた歯科衛生士が各歯科医院に勤務し、質の高い診療を支えているのがこのグループの特徴です、とも言ってくれています。

＊＊＊

◉関連する安岡正篤さんの言葉

徳性

徳とはどういうものか。安岡さんはいろいろな言い方をしていますが、この話にふさわしいのは、次の一節ではないでしょうか。

「心の明るさ、それから清さ、それから人として人を愛する、助ける。人に尽くす、恩を知る、恩に報いる。正直、勇気、忍耐等、そういう貴い心の働きがあります」

これらが「徳性」だと説明したあとで、徳性は人間にとって本質的に大事なもの、と安岡さんは結んでいます。

掲載先例／『運命を開く』六二ページ〜（新装版六四ページ〜）

徳性　人間学の根本

現象ではなく本質を観る心を持っているか

オリーブ歯科に勤務する歯科医師のOさんが、患者さんの診療をめぐって私にきつく叱られたことが貴重な体験になったといいます。患者さんにどう向き合うのか。患者さんを第一に考えるとはどういうことか。日々、忘れてはいけないテーマです。Oさんに振り返っていただきました。

＊＊＊

若いころの院長（小林さん）は、それはきびしく若手を指導されていたそうですが、僕がオリーブ歯科で働き始めたころにはだいぶ人間がまるくなっていて、先輩ドクターから聞いていたほど激しく叱られるということはなかったです。

でも一度だけ、院長に鉄拳を見舞われたことがあります。

ある患者さんを治療していたときのこと。ひと通り診療が終わって、次の患者さんを診ていたら、受付から「さっきの患者さんがまだ痛いと言っています」と連絡が入りました。でも、もう次の患者さんの治療にとりかかっていたので、「ちょっと待ってもらってください」と伝えて、そのまま治療を続けました。

そうしたら、院長がすごい剣幕《けんまく》で診療室に入ってきて、僕は首ったまをつかまえられて診療室から連れ出され、バシンと頭を叩かれて、「『ちょっと待って』じゃないだろう。なんで痛いと言ってる患者さんを放って、次の患者さんを診てるんだ」と、どなられました。

僕は気づかなかったのですが、その患者さんは、待合室で横になるぐらい痛みがひどかったようなんです。

そのとき院長に、こう説教されました。

「おまえが診ているのは〝歯〟じゃなくて、患者さんという〝人〟なんだ。歯の治療を済ませたから、それで終わりじゃない。患者さんが痛がっていたら、それをなんとかするのがおまえの仕事だ。なのに、どうして放っておくんだ。そこをきちんとやりきらなければ、ドクターとして失格だ」

本当に、あれは効きました。

どの患者さんにも、ベストの対応をしなければならない。ただ、非常事態には、診療の順番というルールよりも優先しなければならないものがある。目の前の困っている人を助けることが、私の最大の使命なのだ。院長からは、治療する者の心がけを教わったと思っています。

医学部や歯学部では、治療の技術は教えても、人としての心得とか、患者さんとの向き合い方までは教えてくれません。

＊＊＊

ドクターは本当は人の体質から人間性、生活環境まで考えて、「この患者さんにはこういう治療が必要だ」と判断すべきなのですが、つい、その人全体を見ないで、歯科医でいえば歯だけ、口だけを見てしまいがちです。なまじ若いころから勉強ができて、専門家しか知らない知識や技術を身につけているので、人間的なことより技術的なことが先にきてしまうのです。

Oさんは若いけれども、とても優秀なドクターです。でも、科学的・医学的な視点だけで人を診ていたら、いい治療はできない。私はOさんに「とにかくまず、『人ありき』なんだよ」という話を何度もしました。いまではオリーブ歯科の治療方針を理解してくれ、「技術」も「診療する心」も磨いていきます。

＊＊＊

◉関連する安岡正篤さんの言葉

徳と才

頭がいい、弁が立つ、学才があるなどという「才」は、大事なものであるが、大したものではない、と安岡さんは言い切ります。「徳」によって「才」を培養して、初めて人は伸びるのだ、というのです。

「『徳』とは、自然が物を生み育てるように、我々の中に在る凡《およ》そ物を包容し育成する能力のことを言います」

ちなみに、古典に出てくる「小人《しょうじん》」とは「才」が「徳」より優れている人のこと、「君子《くんし》」とは「徳」が「才」より優れている人のことです。

掲載先例／『運命を開く』四九ページ（新装版四九ページ）

迷う、悩む

成功に溺れて、まわりが見えなくなったとき

「人間というものは、ちょっと成功して名前が売れると、思い上がって『迷士』になってしまう。そのまま進むと、迷士はやがて、冥士《めいど》の冥がつく『冥士』になる」と、安岡さんはおっしゃっています。

私にもちょっと成功して名前が売れて、思い上がっていた時期がありました。自分を「名士」と勘違いした大きな原因が、これからお話しする地元の歯科医師会での活動です。

学生時代からお世話になってきた先生とのご縁で、開業から二年もたっていないのに、岡山市の歯科医師会で理事に推挙されました。「君は岡山大学歯学部の一期生だろう。市内で開業を考えている後輩がやりやすくなるよう、君が道を開いてあげなさい」とその先生に諭《さと》されて、引き受けることになったのです。

引き受ける以上は、中途半端にはできません。母校愛もあり、気張って取り組みました。平成六年のことで、まだ三三歳でした。当初は「後輩たちのため」と思ってがんばっていたわけですが、役員として走り回っていると、次第に名前が売れてきて、やがて私は肩書で呼ばれる

ことに快感をおぼえるようになっていました。

平成七年には、開業したときの目標だった歯科医院の医療法人化や、自宅の建築も達成し、医院の経営も好調で、売上は岡山県下でかなり上位に入っていたと思います。

順風満帆、怖いものなし。平成九年には、市の歯科医師会の副会長に選出されて、余計に歯科医師会の活動へのめり込んでいきました。

歯科医師会でも、会長、副会長、専務といういわゆる「三役」クラスになると、市長や市の局長クラス、国会議員をはじめ議員の方たちとも面識ができてきます。ロータリークラブにも誘われ、お付き合いと称して夜の街に繰りだし、帰宅が夜中の二時、三時になるのは当たり前。行く先々で「先生、先生」とちやほやされ、私はすっかり天狗《てんぐ》になってしまったのです。

岡山を代表するクラブのママをしていた女性が、いまも患者さんとして来てくださるのですが、当時の私についてこうおっしゃるのです。「あのころは、鼻が天井に着きそうな感じだったわね」。

時間外に限定していた歯科医師会の活動なのですが、診療にも影響が出るようになりました。「院長は診療が終わったらすぐに出ていって、医院にいない。診療中でも、歯科医師会の先生から電話がどんどんかかってくるし」と、スタッフからもぼやかれていました。

それでも、歯科医院は繁盛していて、スタッフには「給料はいくら欲しい？　じゃあ希望どおり出すから、そのぶん働いてくれよ」と話していたのです。私は支配者であり、持てるお金で周りの人たちを満足させているから、それでいい、と思っていたのです。

三期九年連続務めた岡山市歯科医師会の役員を卒業してから、安岡人間学に出合ったことで、「名士」だと思っていた自分が、「迷士」になっていたことに気づきました。思い上がっていた自分を徹底的に反省したことで、「冥士」にならずに済みました。

＊＊＊

◉関連する安岡正篤さんの言葉

名士、迷士、冥士

成功者、名を成した人に対して、安岡さんが戒めている言葉です。

「『名士というのは無名の間が名士であって、いわゆる名士になるに従って、メイは迷うという迷士になる。そのうちにだんだんに冥土の冥士になる』（中略）ほんとうは無名にして初めて有力であります。有名は、つきつめた意味でいうと案外無力になる」

掲載先例／『運命を創る』二五ページ（新装版二五ページ）

迷う、悩む

何をやってもうまくいかないとき

人生、誰にでもうまくいかないとき、大きく躓《つまず》くときがあるでしょう。私の四十代前半がまさにそうでした。厄年だから、といってやり過ごせない状況に追い込まれたのです。それまで上り坂一本調子でやってきたのが、一転して下り坂になりました。私には、それが真っ逆さまな状態に思えたのです。

歯科医院の経営が悪くなっていくのと軌を一にするように、家族の関係もおかしくなってくる。どうすればいいいんだ？　もがけばもがくほど、悪い方向にいってしまい、底なし沼にはまったようでした。

そんなときに、私が頼りにしたのが、経営コンサルタントをしている齋藤忠さんでした。齋藤さんに迷える私の胸の内をすべて吐き出したところ、「小林先生だけではありませんよ。思い悩む院長はたくさんいます」と受け止めてくれたのです。

思い悩む私を見てどう思い、どういうアドバイスが効くと思ったのか？　齋藤さんに振り返っていただきました。

＊＊＊

私が小林さんの歯科医院のコンサルタントをすることになったのは、もう一〇年以上前のことです。

小林さんは歯科医院の経営で成功し、岡山でトップクラスの歯医者になるぞ、とがんばってきたそうです。ところが、増え続ける患者さんに対応しようと、診療用チェアを増やしたうえ、余分に運転資金を借り入れたために、歯科医院の資金繰りが急速に苦しくなっていました。奥さまとの関係がギクシャクしていたうえ、歯科医師会の活動から身を引いて自分の立ち位置を見失ったこともあって行き詰まってしまい、私に相談なさったのです。

経営者はたいていそうですが、抱えている悩みを関係者には打ち明けることができません。行き詰まった歯医者さんを何人も見てきていましたし、私も勤めた会社が倒産するという悲哀を二度も味わいましたので、小林さんの状況がどういうものか、察しがつきました。とても苦しい思いをされたのではないでしょうか。

お会いして事情を伺ったあと、私は「しばらく、潜《もぐ》ってみてはどうでしょうか」とアドバイスしました。小林さんは若いときから岡山市の歯科医師会の役員を務めてきた、いわば地域社会の「名士」でした。お金を稼げるようになって、顔と名前が売れてきたら、誰でも心地いいことでしょう。

私が申し上げた「潜る」とは、そういう名誉職から距離を置き、歯科医院の経営に集中して立て直しを図りましょう、という意味です。

そのことをわかってもらうために、安岡正篤さんの言葉「有名無力、無名有力」というお話もしました。有名であることが、その人が力のある状態とはいえない、むしろ、その逆であることのほうが多い。それが世の中の真の姿である、と。

まわりからチヤホヤされることで本人が慢心してしまう、仕事がおろそかになりお客が離れていく、財布のひもが緩んで家計がおかしくなっていく……富や名声を手にしたあとに多くの人が「人性《じんせい》」を狂わせてしまうのを、私は見てきました。とくに、「稼ぐ力」が大きい人ほど、成功したあとに行き詰まる確率が高いのです。

小林さんは素直に非を認めて、自分を変えようとしました。私の予想を超える真剣さで安岡正篤さんの本や人間学を勉強して、歯科医院経営に活かしてきたのです。グループ経営に踏み切り、紆余曲折はありましたが、いままた新しい医院経営のかたちを志向しています。

数年前になりますが、「本当の力」を蓄えてきた小林さんを見て、私のほうから「そろそろ表へ出ていいんじゃないですか」と切り出しました。潜っている時期はもう終わった。深く安岡人間学を学んだことを、世の中に伝えていく。それがこれからの小林さんの使命だ、と思ったからです。

小林さんの歯科医院経営の会計に関する知識は、われわれコンサルタントも顔負けのレベルです。経営に困っている歯医者さんを手助けする「院長塾」の活動を、どう展開していくのか。また、歯科医院経営に限らず、人間学を学ぶことの大切さをどう発信していくのか。小林さんのこれからを、いままで以上に楽しみにしています。

＊＊＊

◉関連する安岡正篤さんの言葉

有名無力、無名有力

ことを成そうとすれば無名なほうがいい、ということ。安岡さんは次のように、含蓄のあることを言っています。

「人間は案外、成功すると無力になるものです」

「本当に有力な人になろうと思ったら、なるべく無名でおることを考えなければならん。（中略）有名人になってごらんなさい。（中略）付き合いも広くなる。義理も多くなる。（中略）いろんな会合にも出なければならん。朝から晩まで何をしているか訳が分らない」

掲載先例／『運命を開く』一三九ページ〜（新装版一四二ページ〜）

凌ぐ、耐える

生活に困ったときにも志を貫けるか

本原康彦さんは岡山市内で学習塾を経営され、小学生から高校生まで、約二〇〇〇人の子どもたちを教えています。本原さんとは二人で六年間、安岡正篤本の読書会を続けてきました。

その本原さんですが、独立して学習塾の運営に苦労していた時期、安岡さんの教えを心の支えにしてがんばったそうです。私がまだ木原さんを存じあげないころの苦労話、本人に語っていただきましょう。

＊＊＊

私は岡山市内で学習塾の専務をしていた若いころ、北海道のある塾の先生に出会い、師匠ともいえるその先生を通じて安岡正篤という人の名前を知りました。

そして勤めていた塾で子どもたちを教えるかたわら、独学で安岡人間学を学ぶようになったのですが、おかげで、ただ仕事として勉強を教えるだけでなく、「自分は何がしたいのか。どう生きたいのか」と考えるようになりました。

学習塾の業界では、人が集まると「生徒は何人？」「売上はどのくらい？」という話になります。ところが師匠の先生の影響を受けている私は、そういう場で「『何がしたいのか。どう生きたいのか』というところから考えなければ、生徒に教えられないですよね」などと言ったりしていたので、同業の人たちからは奇異に見られていたと思います。

そうこうするうちに、私が勤めていた塾では生徒さんが増えていき、生徒数九〇〇人ほどという、岡山市内で一番大きな塾になりました。

ところが、塾が大きくなってお金が入るようになったら、塾長がギャンブルや株に走ってしまったのです。私が「塾長、そんなことをしていたらこの塾はつぶれますよ」と諫言すると、「じゃあ、あなたが社長をやったらいい」と言うので、「いえ、私がつくった塾ではありませんから、私は独立をさせていただきます」とお断りして、独立したのです。

私が三八歳のときでした。

一人ぼっちになり、「自分を支えてくれるのはなんだろう」と考えました。「そうだ、これまで勉強した安岡先生をはじめとする、先人、先哲の本しかない」と思い、さらに真剣に人間学の勉強を始めたのです。

仲間がいなくなってさびしいのと、一人でいると誰かに賛成してもらう必要がないので、「そうだよ、おまえが決めたとおりでいい、間違っていないよ」と、本の中の言葉に頷いてもらおうと思ったのかもしれません。

独立した当初、生徒数はわずか二〇人程度でした。収入がほとんどないので、それまでの蓄えを切り崩して生活していたのですが、妻に「悪いけれど、勉強するお金を毎月、五万円認めてね」と言って、自分を支えてくれる本のために投資し続けました。当時のことは、妻からいまだに言われます。

もう逃げるところはない。ないものだらけで、あるのは「よしっ、これからみんなが知らないことをたくさん学んでいこう」という気持ちだけでした。

人は最後は自分一人で、「慎独《しんどく》」をしないといけない、と安岡先生がおっしゃっています。それを読んで「ああ、これはいまの自分のことだな」と感じました。

この苦しい時期を生き抜いていくうえで、こうした安岡先生の教えが、私にとっては心の支えとなったのです。

＊＊＊

◉関連する安岡正篤さんの言葉

慎独

「『慎独』ということは『孤独の自分』ではなくて『絶対的存在』、人が見ていようが見ていまいが、自分自身を絶対化すること（中略）『独自』とは『絶対的な自己』ということ、即ち世俗的な地位や名誉などに少しも乱されない、即ち自ら成り立つこと」

中国の古典『大学』に「君子は必ず其の独《どく》を慎《つつし》むなり」という一節があります。意味は、君子は他人が見ていない所でもその行いを慎む、ということです。

掲載先例／『人物を創る』九三ページ（新装版九八ページ）

凌ぐ、耐える

突然、閑になったらどうするか

数年前、私は久しぶりに出かけた海外旅行で体調を崩し、帰国してからしばらく入院していたことがあります。

治療そのものはすぐに終わったのですが、その後も様子を見るということで、三週間入院していました。それまでに一週間、旅行で休んでいたので、合計で一か月ほども歯科医院を離れることになりました。

オリーブ歯科のスタッフに事情を告げて対処を頼みながら、「私も診療があるのに、困るなあ。こんなところでのんびり休んでいるわけにはいかないんだ。毎年、健康診断を受けていたのに、なんでこんなことになったんだろう」と思っていました。

歯科医院のスタッフも、私がいなくなって忙しかったのでしょう、一週間ぐらいしてからようやく顔を出しました。歯科医院の様子が気になってしかたがない私が、「診療体制はどうなの?」と尋ねると、「順調に回ってます。院長、大丈夫ですから、あとは任せてください」と、あっさり言われました。患者さんはちゃんと来ているし、若いドクターがつつがなく対応をしている、というのです。

私がいなくても、歯科医院の診療は問題なく回っている……？

これは衝撃でした。内心「そうか、私にはもう用がないと言うんだな」とひがんだほどです。

一度顔を出したきりで、スタッフもぱったり来なくなりました。電話連絡もありません。

院長からの指示がなくて、スタッフだけでちゃんとやれているのか？　心配になった私は「連絡事項はないか。何か私が見ないといけない書類があったら、大丈夫だから病院のほうへ持ってきなさい」と電話しました。

ところが電話に出た事務スタッフは、「いえ、何もありませんから」と、なんともそっけない返事なのです。おそらく入院中の私に余計な心配をさせまいと気遣ってのことでもあるのでしょうが、取りようによっては「うるさいなあ、院長。みんな忙しいのに、わざわざ電話なんかかけてこないでよ」とも思えます。

院長の私がいなくても医院が順調にいっているとは！　俺は不要だということか！　という怒りと疎外感とが加わって散々な気分でした。


それが、しばらくたつうちに、こう考えるようになりました。

グループ経営に成功し「俺についてこい」でやってきたが、こんなことがいつまで通用するのだろうか？

突然できた閑《ひま》が、私にとっては、人生を考え直す格好の機会となりました。
グループ化構想を見直したのが、その最たるものです。経営に困っている歯科医師の相談を引き受けるようにもなりました。それが「院長塾」として、いまに続いています。

＊＊＊

◉関連する安岡正篤さんの言葉

閑に耐える

「四耐《したい》」という言葉があり、「耐冷、耐苦、耐煩、耐閑」のことで、人生の冷たいこと、苦しいこと、煩わしいこと、閑（退屈なこと）に耐えることをいいます。この「四つの忍耐」のなかで、「閑」つまり退屈に耐えるのが一番難しい、と安岡さんは述べています。

掲載先例／『運命を創る』一七四ページ～（新装版一七四ページ～）

凌ぐ、耐える

期待した人物が思惑通りにならなかったとき

期待する人物や信頼する人物に、自分の分身や影武者としての働きを期待して、大切なことを託すことがあります。しかし、思惑通りの働きをしてくれなかったときに、どうすればいいのでしょうか。

期待する人物に継続的に成果をあげてもらいたいなら、その人の考え方に耳を傾け、持ち味が発揮できるように環境をつくることが大切。自分の価値観や都合でものごとを進めようとしてもうまくいかないのだ。そう気づくまでに、かなり時間がかかりました。

その経緯を、お話ししましょう。

コンサルタントの齋藤忠さんを顧問に迎えたことで、迷走していた歯科医院経営に方向性が見えてきました。その大きな柱が、歯科医院をグループ展開することです。齋藤さんが試みたプランを参考に、グループ展開の基盤となる別会社「アスペック」をつくり、歯科医院の新規開設を支援する体制を整えました。

歯科に限らず、医療界には構造的な問題があります。連帯保証人や担保など資金的な後ろ盾のないドクターは、必要な資金を銀行が貸してくれないために開業が難しいのです。そこで「アスペック」が、歯科医院の初期の開設資金を肩代わりし、スタッフの指導や会計業務の代行などを支援します。歯科医にとっては、開業しやすいうえ、診療に専念できますし、私にとっては、グループ展開できるという、双方がメリットを享受できるシステムなのです。

ちなみに、歯科医とは「五年たったらアスペックの出資分を買い取ることができる」という条件で契約します。五年の期限を設けたのは、開業後黒字が続けば、自前で銀行融資を受けられるようになるからです。それ以降は、グループから離脱し自主経営できる、というオプションも付いているのです。

平成一六年四月に、第一号のI歯科医院がオープンしました。Iさんはオリーブ歯科の副院長として多忙を極める診療体制を支えてきたうえ、私が思い描くグループ構想をよくわかってくれている人物でした。

それまでに視察したグループ経営をしている大手歯科医院が、似たようなノウハウで展開していたこともあり、「オリーブ歯科の経営のノウハウを移植すれば、誰がやっても売上があがるはず」と確信していました。私の片腕だった彼ならうまくやってくれるに違いない、すぐに「オリーブ歯科」のようになるだろう、と期待を込めて送り出しました。

ところが期待外れ、思ったように売上が伸びないのです。その様子を見て、グループ化の計画を慎重に練り直すことにしました。

そのあと時間がかかりましたが、平成一九年と二一年に新規に二軒開院させて、グループ化構想をどうにか軌道に乗せることができたのです。

しかし、I歯科医院だけは、私の経営ノウハウを詳しく伝授し、新たなスタッフを送り込むなどのテコ入れをしても、低空飛行の状態が続いていました。院長の意識を変えないことにはこの状態は打開できないと思い、Iさんに意識変革につながるセミナーの受講を勧めました。

「内にこもって我慢しようとする性格を、根本的に変えないといかん!! 本気で自分を変えたいならこのセミナーを受講しなさい」

これで本人の意識が変わったところはあるのですが、しかし、本質的な改善にはつながりませんでした。歯科医院開設から五年がたったのを機に、私はIさんにこう切りだしました。

「いちおう黒字経営だし、このタイミングでアスペックから出資分を買い取って独立したらどうだろう。縛りがなくなっていいじゃないか」

Iさんは「よかったら、このままでいさせてください」と答えました。経営の数字にはシビアですが、一方で親分肌なところがある私は、頭を下げてきたIさんに「ノー」とは、とても言えない。いままでの関係を、続けることになりました。

グループ経営について私の考え方が大きく変わったのは、それから一年ほどして、海外旅行から帰った直後に入院したときのことです。

一人で病室にいて、安岡正篤さんの本を手に、これからの生き方や、将来のビジョンについて思いを巡らすうちに、「俺についてこい」でやってきたけれど、いつまで通用するのだろうか、と考えるようになったのです。それと前後して、四つ目の開院計画を打診していた歯科医に、あらためて意思を尋ねてみたところ、「私にはまだ早いと思います」という答えが返ってきたことも、私には衝撃でした。

これまで私は「自力で開業できない歯科医を助ける」と言いながら、グループ展開のプランがまずありきで、若いドクターを無理やり巻き込んだところがあったのではないか、という思いに至ったのです。

この間にIさんは結婚、娘二人の父親となったことで意識も変わったのでしょう、歯科医院の経営が上向いていきました。

あるとき、Iさんに理想とする歯科医院経営について尋ねてみました。

「患者さんを一人ひとりていねいに診て、安定した売上があればいい。患者さんが増えたので、診療用のチェアは増やしました。そのために借り入れもします。でも、多くのスタッフを抱えて大きな借金をしてやっていくオリーブ歯科の方向性は、僕には合わないですよ」

私がやってきたように、代診のドクターを頼んで、一つの医院で毎日たくさんの患者さんを診る必要はない。少ない患者さんでもきちんと利益が出る体制になっているなら、それでいいではないか。言われてみれば、それがIさんに合ったやり方。他の人に自分のやり方を押しつけて、「なぜ同じようにできない」と苛立ったところで、しょせんいい結果に結びつくはずはありません。

安岡さんは、「我々は、多少志があり何か事を為《な》そうとすれば、意中の人を持たねばなりません」と言っています。「意中人あり」です。

事業を大きくするために、志を同じくする有能な人材に託したつもりでした。しかし、それは「私の思惑・願望」の押しつけではなかったのか。持ち味が発揮できるように、その人のやり方を受け入れ、支援を惜しまない。それができて初めて、「意中人あり」なのではないか、と気づいたのです。

＊＊＊

◉関連する安岡正篤さんの言葉

意中人あり

自分の意を汲んで動いてくれる人を日ごろから育てておくこと、あるいはそういう人に目をつけておく、という意味。

「多少志があり何か事を為《な》そうとすれば、意中の人を持たねばなりません。（中略）専務には誰、経理部長には誰と、そうした意中の人を持たねば事業もうまくまいりません」

と安岡さんは言っています。

「意中人あり」は安岡さんがまとめた「六中観《りくちゅうかん》」の一つです。「忙中閑《ぼうちゅうかん》あり」「苦中楽《くちゅうらく》あり」「死中活《しちゅうかつ》あり」「壺中天《こちゅうてん》あり」「腹中書《ふくちゅうしょ》あり」。平素からこの六つを心がけることが、生きた学問をすることだと、安岡さんは説いています。

掲載先例／『運命を創る』七八ページ～（新装版七八ページ～）

反省

トラブルの原因は自分にある、と気づいたとき

妻からあとで聞いた話ですが、家庭や知人との人間関係に行き詰まっていた時期があったそうです。それが、ある「気づき」がきっかけとなって、相手のいいところを見るようにし、うまくいかない原因は自分にあるのでは？　と考えるようになって、それからは人間関係がよくなった、と言います。なぜ、妻が自ら変わったのか？　本人に語ってもらいましょう。

＊＊＊

私はオリーブ歯科の開業当初、小児専門の歯科医として、主人と一緒に診療していました。当時は昼間は診療の仕事をし、家に帰ったら、娘たち二人の面倒を見なければいけませんでした。日中はそれこそがむしゃらに働いていたので、家に帰るときにはへとへとに疲れていました。その後、三人目、四人目に男の子が生まれたとき、さすがにもう無理だと思い、診療をやめて、家事に専念するようになりました。

家に入っても、子どもが四人もいるので、日夜子育てに追われる状態が続きました。たとえば、次女の小学校時代、バレーボールの全国大会に出場することになったときのこと。週末ともなれば、早朝から起きて準備をし、長女には留守番をさせ、幼い息子二人を連れて遠征試合に出かける次女の送迎をしなければなりませんでした。子どもたちをお風呂に入れるのも、次から次に面倒を見ないといけないので、自分がゆったり湯船に浸かる時間などないのです。

それなのに主人は「わしは一切せん」と言って、家のことは何一つ手伝おうとしません。診療が終わると「歯科医師会の用事がある」と言って出かけてしまって、深夜まで帰ってこないのです。家庭という、人間が大事にしなければならないものをそっちのけにして、「世の中のしがらみ」と言いながら、肩書や名誉のために忙しそうにしている。私はそれが不満で、ことあるごとに文句を言い、夫婦仲はどんどん悪くなっていきました。

わが家の場合、主人がお義母《かあ》さんを尾道の向島から呼んで、同居していたのですが、それも夫婦がぶつかる原因になっていました。子どもの自立を促そうとする私と、孫たちがかわいくてしょうがないお義母さんとは、子育てをめぐってギクシャクするなど嫁姑の関係も険悪で、家庭内は最悪の状況でした。

家庭がもめているときは、それとよく似た現象が、外でも起こるものです。

主人もそうだったようですが、私は私で、友人関係が悪くなったり、いろいろなトラブルがまわりに起こっていました。家庭環境がよくないときは、何をしてもうまくいかないものです。

自分の中に怒りがあって、それを発散させることに精いっぱいになってしまうからでしょう。そうこうするうちに、とうとう長女が家族間のストレスに耐えられなくなって、摂食障害を起こして、入院してしまいました。

私が変わったのは、そのときからです。

それまで私は、主人に対していちいち刃向かっていました。自分がしんどいときは、何でも他人のせいにしがちです。「こんなに家庭が荒れているのは、主人が家庭を顧みないからだ」とか、「お姑さんがいなかったら、こうはならなかったのに」とか、自分以外に原因を押しつけていたんです。誰かを責めていれば、自分は傷つかずに済みますから。

ところが長女が入院して、「娘を犠牲にしてしまった」とふと感じたとき、初めて「こうなった原因は、私にあるのかもしれない」と気づきました。それ以外に起こっている問題についても「原因は、私にあるかもしれない」と考えるようになったのです。

自分が相手のいいところを見るようにすれば、少なくとも相手が自分を毛嫌いしたり、ソッポを向くことはなくなる。自分が相手を受け入れようとすれば、相手も心を開いてくれるのだということが、わかるようになりました。すると、人間関係がスムーズになり、子育ても苦ではなくなりました。子どものいいところを見つけて、伸ばしていく喜びを知ったのです。

私は安岡さんの本は読んでいないのですが、主人によれば、そのことを安岡さんは「自反《じはん》」と言っているそうです。

世の中には、人のせいにして終わってしまう人が大勢います。それまで築き上げてきた自分を変えるのは勇気がいることですが、大事なのは、痛い思いをしたときに、考え方をどう切り替えることができるか。私たち夫婦にとっては、それが娘の病気でした。あれをきっかけに、主人も、私も変わることができて、本当によかったと思います。

＊＊＊

◉関連する安岡正篤さんの言葉

自反《じはん》

ややアバウトな解釈ですが、うまくいかないことの原因を他人のせいにしないで、自分の心を振り返ってみること。たとえば、石につまずいてけがをしたときに、「こん畜生！」と言って石を蹴ったりするのが普通の人です。しかし、そのときに、「ああうっかりしていた。おれもまだいけないぞ」と反省する人、そのように自ら反《かえ》ることができる人は、進歩する人だ、と安岡さんは説いています。

中国の古典『孟子《もうし》』に「君子は自ら反《かえ》る」という言葉があります。「自《みずか》ら反《かえり》みて縮《なお》くんば、千万人と雖《いえど》も、吾往《われゆ》かん」。その意味は、自分の心を振り返ってみたときに自分が正しければ、たとえ相手が千万人であっても私は敢然と進んでこれに当たろう、ということ。

掲載先例／『知命と立命』一五三ページ（新装版一五三ページ）

反省

取り返しのつかない失敗、人生はやり直せるか

私は以前、知人が罪に問われて留置場に拘留されたとき、自分が読んで感銘を受けた安岡正篤さんの入門書を差し入れたことがあります。その後、彼から「これからどうなるのだろうと心細かったなかで、いただいた本が心の支えになりました」と感謝されました。

教育者として多くの生徒を指導してこられた本原康彦さんも、教え子が入獄することになったときに、安岡さんの本を一冊差し入れました。獄中にある間、彼は何度もその本を手にしたそうです。それで彼の中で何かが変わり、いま人生やり直しの真っ最中。

教え子との体験を、本原さんに語っていただきました。

＊＊＊

私の塾では小学生、中学生を教えていますが、元塾生の一人が二〇歳を過ぎて、刑に服するということがありました。

真相はわかりませんが、仲間の子が主でやった犯罪にもかかわらず、彼はその子をかばって、自ら主犯と認めたのではないかと思います。結果、仲間の子には執行猶予が付き、彼には四年半の実刑判決が下りました。

刑が決まったとき、私の教え子だった彼のお姉さんが訪ねてきました。

「本原先生、弟の刑が確定して刑務所に入りました。これから面会に行ってきます」と言うので、彼女の弟宛てに手紙をしたため、一冊の本を託しました。

『青年の大成』という安岡正篤先生の著書です。

「この本を差し入れるけれども、本に書かれたことの意味は、いまはわからなくてもいい。おまえにはこれから四年半という時間があるのだから、これをしっかりと読んでくれ。出てきたら元気な姿を私に見せに塾に来てくれ」

そう、手紙に書きました。

『青年の大成』は、安岡先生が「青年はかくのごとくあれ」という思いを込めて、若い読者に向けて話した内容をまとめたものです。私はこの本を通じて彼に、「これから、いくらでもやり直せる。まず、自分自身を見つめることから始めなさい」というメッセージを送ったつもりでした。

刑務所を出所した翌々日に、彼が私の塾を訪ねてきました。私の顔を見たとたんに、涙をぼろぼろこぼして、言葉にならなかったのをよく覚えています。

「まあ、ここに座れ」
そう言って座らせ、少し落ち着いたところで、ようやく彼が口を開きました。
「ありがとうございます。本原先生からもらった本を読みました。なぜこの本だったのか、四年半考えて考えたあげく、『先生の私に対する思いなんだ』ということがわかりました。『青年の大成』の中で、読んだ言葉を一つひとつ言えと言われたら、言える言葉はいろいろあります。でも僕は、それをこの場で言うことは、恥ずかしくてできません。本当に先生、ありがとうございました」と。

彼はいま更生して、大企業の下請けの会社でまじめに働いています。三交代勤務の現場で、仕事に必要な資格をとったりして腕を磨いています。

一度刑務所に入ってしまうと、出所してもなかなかまともな仕事には就けないことが多いのです。彼は幸運にも、家に戻ってほどなく就職できました。彼のお姉さんの旦那さん、義理のお兄さんとお姉さんが奔走して、就職先を見つけてくれたのです。

一方、もう一人、別の事件で執行猶予が付いた子は、就職がうまくいきませんでした。執行猶予中の身では、どこに行っても正社員としては採用してもらえない。執行猶予期間が終わっても、雇ってくれる先は、遊技場関係くらいしかありません。ありがちなのですが、負のスパイラルに入ってしまって、働いていたパチンコ屋さんで、本人は悪くないのに、問題のあるお客さんに絡まれて警察沙汰になりかけた。そのせいで本人は辞めさせられる、という不運な結末になりました。

本当に世の中、不思議なものだなと思います。本人が更生しようとしても、その気持ちを社会が受け入れてくれる場合と、くれない場合があるのです。

いずれにしても、私としては、過去の殻を脱ぎ捨て、心を入れ替えて新しい道を歩き始めた若者のこれからを、応援していきたいと思います。

＊＊＊

◉関連する安岡正篤さんの言葉

「えび」の如く脱皮せよ

えびは生きている限り際限なく殻を脱ぐから、固まらない、常に弾力性を持っているのだそうです。人間だって、えびのように始終殻を脱し、きわめて弾力的に若さを失わずにいれば成功できるのだ、と安岡さんは説いています。これに関連して、次のように語っています。「真剣になって自己と取り組んだらいかなる運命を打開することができるか、本当に計り知るべからざるものがある」と。

掲載先例／『運命を創る』一三五ページ〜（新装版一三三ページ〜）

立命

可能性を自分で決めつけてはいけない

学習塾を経営している本原康彦さんと、六年ほど続いた安岡正篤本の読書会。最初の一冊『知命と立命』から多くを学びました。その一つが「宿命」と「運命」です。

それまで私は「宿命」と「運命」を同義語のように使っていましたが、この本を読んで、両者の意味が根本的に違うことを知りました。

まず、「宿命」について。学問修養をしていないと、その人の人生は宿《とどま》ってしまう、つまり「宿命」で人生が終わる、と書かれています。

では「運命」とは？　それで思い浮かべるのが、本原さんが学習塾で学ぶ子どもたちにしている話です。子どもたちは無限の可能性を秘めているのに、試験の点数をもとに自分の将来を判断しがちです。

＊＊＊

そんなときに、本原さんは次のように語りかけるそうです。

私は岡山市内で学習塾を経営しているのですが、進学相談で生徒と面談するなかで次のような生徒が出てきます。

「がんばってきたけど、成績が伸びません。いまの偏差値では目指していた学校（大学）には進めそうにないので、志望校を変えたいと思います。これはもう、僕の『運命』なんです」

試験の点数が自分を測る絶対的なモノサシになっていて、自分の能力を「もうここまで」と決めつけているのです。

若者には洋々たる人生がその先に開けているのですから、そういう生徒には、こう話してあげることにしています。

「『運命』とは『命を自分で運んでいく』と書くよね。つまり『運命』は自分で運んでいけるものだよ、自分次第でどうとでもなるんだよ」と。

そんな話をひととおりすると、生徒は志望校の目標を変えずに、またやる気になるようです。

＊＊＊

『知命と立命』（八六ページ～　＊新装版八六ページ～）では「宿命」と「運命」の違いについて、袁了凡《えんりょうぼん》という人が書いた中国の古典『陰騭録《いんしつろく》』を引用し、詳しく書かれています。

人相を見る易者に人生を言い当てられ、その先のことも教えられて、人間、なるようにしかならない、「運命」は変えられない、と思い込んだ袁了凡。彼は本当に予言された年に、予言された成績で試験に受かり、人の人生は決まっているのだ、という思いを強くします。ところがあるとき、雲谷《うんこく》というお坊さんに、こう諭されるのです。

「人間の運命がちゃんと初めから定まっておるものなら、なんで釈迦《しゃか》や孔子《こうし》が苦労したか。偉大な人が学問修養したのは、学問修養することによって人間を創《つく》ることができるからだ。（中略）確かに〝命《めい》〟というものは存在するが、人間はその命《めい》を知り、命《めい》を立てることができる」

袁了凡はそれを聞いて考えを改め、真剣に勉強を始めました。すると不思議なことに、それまですべて当たっていた易者の予言が、今度は全部外れるようになったのです。子どもはできないと言われていたけれども、ちゃんと生まれたし、この年に死ぬと言われた年を過ぎても生きていた。

この話のように、運命は努力によって変えることができるのです。

「人間が浅はかで無力であると、いわゆる『宿命』になる。人間が本当に磨かれてくると『運命』になる」と安岡さんは言っています。

＊
＊
＊

◉関連する安岡正篤さんの言葉

宿命と運命

安岡さんの説明によれば、動いてやまない命を「運命」といい、自主性を深めていくとクリエイティブになり、自分で自分の「命《めい》」を生み、運んでいくことができるようになる、ということです。それに対し、何歳まで生きて、いつ病気になってなどと占ってもらって他人任せにした「命」は、「宿命」だということです。

掲載先例／『知命と立命』六七ページ～（新装版六七ページ～）

立命

真の「幸せ」を手に入れるには

塾経営者の本原康彦さんは、長年にわたって二人で読書会を続けてきた間柄だけに、私が安岡人間学を学ぶことでどう変わってきたか、よくご存じです。「『受ける幸せ』から『できる幸せ』、そして『与える幸せ』へと変わりましたね」。本原さんが私の変容ぶりを見事に表現した言葉ですが、思うところを本人に語ってもらいました。

＊＊＊

小林さんと初めてお会いしたのは二〇〇五（平成一七）年、私が四八歳のときです。自分を高めてくれる友を「尚友《しょうゆう》」といいますが、私は小林さんとお会いしてすぐの段階で「この方は私の尚友になる人かもしれない」という勘がありました。

同じ教育の世界に身を置く人と安岡正篤本のことについて話をすることはありましたが、まるで違う立場の人と読書会をやるのは初めてのことなので、それがいままでにない刺激になるかもしれない、加えて、十数年、一人で勉強してきた安岡本を読み返すいい機会になる、という思いもありました。それで、「安岡正篤本の読書会をやりませんか」という小林さんのお誘いを、お受けしたのです。

小林さんは歯科医療のなかで考えられたことを、私は塾の世界で考えたことをもとに、異なる立ち位置から話し合うという、刺激的な読書会の回数を重ねていきました。

六年ほど続いた読書会が終わったいまでも交流がありますが、この間に小林さんは、「天動説」の人間から「地動説」の人間ぐらいに劇的に変わったのではないでしょうか。

私が出会ったころの小林さんはお山にいるボスザル状態、自分中心、唯我独尊のやり方でした。ボスザルが子飼いのサルに対して、有無を言わせず、それ行けっと突撃させていた。

それがボスザルが病気で倒れてからは、まわりのサルたちにも気を配るようになって、突撃一辺倒ではないやり方に変わっていきました。

別の言い方をすれば、最初にお会いした時期は、小林さんにとっての「幸せ」とは、「受ける幸せ」でした。お金を稼ぎ、地元の歯科医師会で役員となって名を成し、尊敬の眼差しで見られたい。そういう過去の栄光を懐かしむようなところがありました。

それが、あるときから「できる幸せ」に変わっていきました。

「自社ビルを建て、人材を育てたい」「優秀なスタッフの独立を支援できるよう、グループ展開しようと思う」といった話をするようになりました。事業のビジョンが明快になり「自分はこんなことができる。あんなことができる」と楽しそうに語り始めたのです。家族の問題にも向き合って、自分から解決していくようになり、小林さんにとっての幸せが、「できる幸せ」に変わっていくのを感じていました。

その「幸せ」がまた、小林さんのなかで変わるのです。

きっかけは、ハワイでの経営者の集まりから帰国した後、一か月ほど入院したことでした。幸い、たいしたことはなく復帰したのですが、「わしが重い病気で倒れたら医院はどうなるんだ。自分が引っ張っていくやり方はいつまでも続かない」と漏らした言葉に、心の変化を感じ取りました。

それから間もないことです。「最近、経営に困った若手の院長が私のところに相談に来るんですよ。これをどうにか助けてやらんといけない」と新しい目標ができたことを、私にうれしそうに話してくれました。

小林さんが「できる幸せ」時代に取り組んだことは、人生を修復しながら、ビジネスにチャレンジすること、つまり小林さんにとって「命《めい》」を立てることでした。それを実践していくうちに、ネクストステージにも、立てる「命《めい》」があることに小林さんは気づいた。それが「与える幸せ」です。

私も、小林さんの変化に少なからず刺激を受けています。塾のことや学校法人の経営という新しい仕事の場で、「命《めい》」を立てることに力を尽くしています。

互いに刺激しあいながら、共に育っていく。これも人間学を学んで得た果実だったのではないかと、振り返ってみて思います。

＊＊＊

●関連する安岡正篤さんの言葉

知命と立命

知命とは「命《めい》」を知ること、つまり自分とはどういうものであるか、自分の中にどういう素質があり、能力があるかを知ること。立命とは「命《めい》」を立てること。自分の素質や能力を開拓したり、発揮できるようになる、ということ。

安岡さんは中国の古典『論語』の一節「命を知らざれば以て君子たること無きなり（以下略）」を引用しながら、「知命」と「立命」について説明しています。「命を知らざれば……」は、天から与えられた使命を知らないと、本当の人間にはなれない、という意味です。


掲載先例／『知命と立命』六一ページ〜（新装版六一ページ〜）

縁を活かす

仕事の環境や人間関係をよくしたい

安岡正篤さんの教えを学んで運命が開けたのは、私や周囲にいる人ばかりではありません。酒席で出会った女性が、私たちとのちょっとした会話がきっかけで、安岡さんの教え（『論語』）を学ぶようになり、仕事や親子の関係が劇的によくなったのです。ことのあらましは、次のようなことです。

月一回のペースで上京し、コンサルタントの齋藤忠さんに経営指導を受けるのですが、その前後に会食をしています。人には言えない経営の悩みなどを齋藤さんに相談すると、いつもながら「人間学が大事だな、よしやるぞ」という気持ちになって岡山に帰ることができるからです。

あるとき、会食の場の空気を和らげようと思い、お店の紹介でコンパニオンに入ってもらうことにしました。年のころは三十半ばくらいでしょうか、キリリとした顔立ちなのですが、ちょっと翳《かげ》がありました。齋藤さんは何か感じるところがあったのか、その女性に「いろいろ苦労しているようだね、顔に出ているよ」と話しかけました。

齋藤さんは安岡さんの本に触発されて易学を勉強していて、手相や面相にも詳しいのです。彼女は鑑定に納得がいったのか、自分の身の上を話し始めました。幼いときから、家族のことや仕事先のことでいろんな苦労を重ねてきた、というのです。

齋藤さんも私も、安岡さんの人間学によって人生が救われた経験をしています。その体験を交互に話したあと、お節介にも二人でこうアドバイスしたのです。

「安岡正篤さんの話や中国の古典を読んで、勉強するといい。そうだ、安岡さんのお孫さんが都内で『論語の教室』をやっているから、行ってみたらどう?」

大抵、こういう話は酒席のことで終わってしまうのですが、彼女が違っていたのは、安岡さんのお孫さんである安岡定子さんの論語塾に通い始めたことでした。

あとで聞いた話ですが、彼女が『論語』を学ぶ強い動機になったのは、齋藤さんが口にした次のひと言だったそうです。

「あなたは、巧言令色すくなし仁だね」

外見を飾って、言葉巧みに人を悦ばせているけど、真心が欠けている、そんな意味です。自分は見た目もいいし、美辞麗句を並べていればお客さんが喜んでくれる、稼ぎのいい仕事だ、と思っていた彼女の胸に、その言葉が突き刺さったのです。いつまでも美貌を売り物にはできない、これから磨かなければいけないのは自分の心なのではないか、と彼女は気づいたのです。

それから二年ほど過ぎたころ、齋藤さんとの食事の席に再び彼女を呼んだら、「実は、お二人に出会ったおかげで人生が変わりました」と言うのです。

一つは仕事の変化でした。彼女が仕事先として入るのは、どちらかといえば現場で働く人たちや有志による会合などが主体だったのが、日本を代表する企業グループの社長、会長などが集まるような会にも、指名で呼ばれるようになった、というのです。そのきっかけが、安岡さんの言葉だったそうです。

ある宴席で、「いろいろ不思議なご縁があってビジネスになりましたね」という話が出たときに、彼女が何気なく、「そうですね、『縁尋機妙《えんじんきみょう》』といいますものね」と口にしたそうです。

するとそれを聞いたお客さんが、

「え？　どうして君、そんな言葉を知ってるの？」

と驚かれたので、中国の古典の勉強をしていることを話したら、すっかり気に入られてしまい、以来、そのお客さんを通じて、大企業のトップが集まる場によく呼ばれるようになったそうです。

彼女がもう一つ大きく変わったのが、親子関係でした。

若いころから父親とうまくいかず、高校を卒業してすぐに家を出てしまい、その後も会うたびにケンカをするような関係が続いていたのです。加えて、近年になって母親が父親に愛想を尽かして家を出てしまった。若いときに駆け落ち同然で結婚し、父親に一度も口答えをすることがなかった母親の決意に、彼女を含めた三人の子どもは、「お父さんとお母さん、離婚するしかないかな」と話し合った。

このままでは家族崩壊か？　と危機感を募らせた彼女が、しばらく会っていなかった父親を訪ねて行きました。安岡さんの言葉を引きながら、「人としてどうなのか」といった話をすると、父親が突然、涙を流し「俺が悪かった」と頭を下げてくれた、といいます。

その話を聞いて、一人ひとりが意識を変えない限り家族関係は改善しない、私の身のうえに起こったことと同じだな、とつくづく思いました。

ついでに言えば、『論語』を学んだことで、バツイチの彼女のプライベートもよくなりました。相手を思いやる心の余裕が生まれ、それまでは男の勝手ね、と思っていたパートナーの振る舞いにキリキリしなくなり、いい関係が続いているそうです。

自分が変われば、自然といい人を呼び寄せる。人間関係もよくなる。それは彼女だけでなく、私もことあるごとに体験していることです。まさに、「縁尋機妙、多逢聖因《たほうしょういん》」。私が信条にしている大切な言葉の一つです。


この話には、後日談があります。

その後、安岡定子さんが講師を務める勉強会に私が参加することになったので、この機会にご挨拶をしておこうと思い、彼女に連絡して、「今度、こういう人が安岡定子先生の勉強会に参加することになりました、と話しておいて」と、前振りを頼んでおいたのです。

それがきっかけで私は安岡定子さんと親しくお話しすることができ、この本の帯にお言葉をいただくことになりました。

＊＊＊

◉関連する安岡正篤さんの言葉

縁尋機妙、多逢聖因

縁尋機妙とは、良い縁がさらに良い縁を尋ねて発展していくこと。多逢聖因とは、いい人に交わっていると良い結果に恵まれること。

安岡さんは『運命を開く』では「善縁」という言葉を引き、次のように語っています。

「平生から、およそ善い物・善い人・真理・善い教え・善い書物、何でも善いもの・勝れているもの・尊いものには、できるだけ縁を結んでおくことです。これを『勝因』といい、『善縁』といいます」

掲載先例／『運命を開く』二〇九ページ（新装版二一四ページ）

縁を活かす

困っている人に救いの手を差しのべる

私は数年前から、歯科医院の院長を個別に経営指導する「院長塾」を始めました。

歯科医師は大学で歯の治療方法を学んで開業しますが、大学では医院経営のノウハウまでは教えてくれません。結果、患者さんがつかなかったり、資金繰りに苦しんだりして、経営に困っている歯科医院がたくさんあります。そうした医院の院長さんに、経営相談を受けることが増えてきたので、ボランティアではなく、ビジネスとして経営指導をすることにしたのです。

その対象は、何年分かの決算書を調べて問題点を洗い出したり、銀行と交渉して有利な融資を引き出すといった経営や会計に関することから、スタッフの指導まで、幅広く、サポートします。

この「院長塾」で指導したHさんの歯科医院が、最近、私たちアスペック・グループに参加してくれることになりました。

Hさんは、私のグループと取引のある歯科用材料屋さんの紹介で相談に来られたのです。

Hさんの歯科医院は当時、開業して六、七年目でしたが、田んぼの真ん中にあって、患者さんは一日一〇人足らず。赤字続きで、開業時の借金も返せないでいました。土地と建物合わせて負債が一億円以上あり、もう銀行は融資してくれないので、親族の女性に何度かお金を借りて、なんとか経営を続けてきたというのです。私が相談を受けた時点で、あと二か月分ぐらいの運転資金しか残っておらず、そのまま手をこまねいていたら、経営が破綻するのは確実だったでしょう。

私はHさんから決算書を預かり、知り合いの銀行員に資金繰りの相談をしたのですが、「この内容では貸せません」と融資を断られてしまいました。赤字続きですから、無理もありません。

とにかく歯科医院の延命をしなければならないので、私は相談を受けたその日のうちに、Hさんの医院を訪ね、診療のシステムをチェックしました。私の目から見て経営的に問題がある部分にいくつか気づいたので、変更するようにアドバイスしたのです。どういう運営をすればうまくいくか、実際に見てもらうのが参考になると考えて私の歯科医院を見学に来るよう勧めました。

結果、しばらくしてHさんの医院では予約がきちんと埋まり始め、売上は倍増しました。新たに人や設備を入れたわけではなく、経費はそれまでと変わっていないので、売上増によって月々、利益が出始めたのです。おかげで銀行から融資を受けないでも、資金繰りが回るようになりました。

破綻しかけている歯科医院をどうやって救うかという点については、もちろん私自身の歯科医としての経験が生きています。

ただ、経営を立て直すときも、そのベースとなるのはやはり人間学なのです。

Hさんは経営不振の理由として「立地条件が悪い」といった理由をあげていたので、私は「この場所を選んだのは誰ですか、あなたでしょう。場所が悪いのではなくて、その場所を選んだあなたが悪いんです。すべての原因は、あなた自身の行動にある。自分以外のせいにしている限り、経営は決してうまくいきませんよ」と諭しました。

「親族の女性に何度もお金を借りて、それが当たり前だと思っているとしたら、それは人の道に外れています。院長であるあなたが感謝の心を持たず、人としておかしいから、医院もこういう結果になっているんです」とも話しました。

破綻同然の医院経営を立て直した私の手腕に感心したのか、Hさんは私のアドバイスを受け入れて私たちのグループの一員となることを決意されたのです。

なぜ、Hさんを私のグループに招き入れたのか。

私には、事業を大きくしようとしてグループ展開に熱中した時期がありました。いわば「攻めの経営」を志向していました。ところが人間学の勉強が深まるにつれ、方向性が変わってきて、いまでは、苦しんでいる人たちに手を差しのべることで、他の医院のドクターが私のもとに集まる状態になっています。しかし、誰でも受け入れるわけではありません。志を同じくできるか？　人間学をベースに治療をやろうとしているか？　その条件に合う人たちとの「緩やかなネットワーク」を広げていこうと考えているからです。

別の言い方をすれば、自分のできる範囲で人助けをし、同時に安岡さんの教えを伝えながら意識の改革を促していく、ということです。

「一燈照隅《いっとうしょうぐう》」という安岡さんの言葉があります。自分が存在するその一隅を照らすことですが、それは私にとっては人の役に立つことを精いっぱいやることだ、と受け止めています。「院長塾」の仕事は、私にとっての「一燈照隅」にほかなりません。

「一燈照隅」の活動を広めて「万燈照国《ばんとうしょうこく》」にしようという安岡さんの思いを見習い、「院長塾」の活動を充実させるべく取り組んでいます。

＊＊＊

◉関連する安岡正篤さんの言葉

一燈照隅、万燈照国

一隅を照らす、ともいいます。自分が存在するその一隅を照らすこと。伝教大師、最澄が『山家《さんげ》学生式《がくしょうしき》』で提唱したこと。一隅を照らすことは絶対できることで、必要なこと。それを社会や国家レベルまで広げていくことが、「万燈照国」または「万燈遍照」です。
「この一燈が万燈になると、『万燈遍照』になる」と安岡さんは説いています。

掲載先例／『運命を開く』一九八ページ～（新装版二〇五ページ～）

第二章

私を襲った二つの危機

仕事と家庭

安岡さんの教えを活かすとは？

第一章では、「安岡人間学」が日々の生活や人生のターニングポントでどう役立ったか、その実例を、私やまわりの人の体験を通して紹介しました。

しかし、「運命をひらく」ことは、そうたやすいことではありません。安岡さんの教えに触れたからといってすぐに「運命がひらける」ものではないし、いままでと異なる価値観に接して戸惑うこともあるでしょう。

また、安岡さんの本を読み解くには、かなりレベルの高い、基礎的な教養が求められます。

私の場合も、安岡さんの本を読み始めてから、壊れかけていた家庭に幸せが戻り、迷走していた事業が軌道に乗るまでには、かなり時間がかかりました。紆余曲折もありました。

振り返ってみれば、自分に都合のいいように教えを解釈したり、結果が出ることを焦って教えを実践したときには、思うように運命はひらけてくれなかったのです。折に触れて安岡さんの教えに立ち返り、まっさらな気持ちで自分を見つめるようになってからは、「運命がひらける」ようになりました。

この章では、直面した二つの危機——仕事と家庭に私がどう向き合ったのか、それに「安岡人間学」の勉強がどう役立ったかを、お伝えしたいと思います。

妻が出ていく

「誰のおかげで飯が食えてると思っているんだ!」

夫婦ゲンカの末に、私がこう言い放った翌日、妻は子どもたちをおいて、一人で実家に帰ってしまいました。こう言い残して。

「自分を見つめ直したいから実家に行ってきます。そこで考えが変わらなかったら、私は別れることにします」

平成一五年夏のことです。子育てのために歯科診療をやめて家に入った妻と、このころは顔を合わせれば言い争う状態が続いていたのですが、それがついに一線を越えてしまったのです。

岡山に構えた歯科医院は連日患者さんの予約で一杯、四人の子宝を授かり、稼いだお金で立派な家を建てることができた——田舎からは母を呼び寄せて大家族で暮らす、絵に描いたような幸福な家庭をつくりあげた、はずでした。

ところが、気がついてみると……。

私と妻は、同じ大学の歯学部を卒業して、夫婦で開業しました。新しい医療を実現しようとの理想に燃え、目標を共有してがんばってきたのに、どうしてこんなことになってしまったのでしょうか。

私は昭和三五年五月五日、広島県尾道市向島町《むかいしま》に長男として生まれました。瀬戸内の小島です。

私の人生観には一緒に暮らしていた祖父のことがかなり影響しています。健康優良児で「島の神童」といわれるくらい勉強ができた私に、祖父は期待を寄せていました。

なぜかといいますと、祖父は、勉強もスポーツも得意だった私の父に将来を期待していたのですが、小学校六年生のとき、軍事教練で教官からひどく殴られて耳が聞こえなくなり、人生が暗転してしまったからです。父は中学を出て就職、印刷工として働いていました。酒飲みの父は少ない給料の中から自分の酒代を抜いて、残りを母に渡すという暮らしぶりでした。生活費の足しになるようにと母がガス会社の事務仕事に出ても、生活費が賄えなくて、米や野菜は母の実家からもらっている状態でした。

そういう家庭でしたので、小学校時代から「充治、おまえががんばって勉強して、小林の家をなんとかしてくれ」と祖父に言い聞かされて、育ちました。

家父長として一家の生計を支えることができず、日常の会話にも難儀する父の姿を見て、「おやじのようにはなりたくない」という思いを募らせるばかりでした。何か父親らしいことをしてもらったという記憶は、一つもありません。

「おれが稼いで、家族みんなにいい生活をさせてやるんだ」。自分の手で成功をつかもうと、岡山大学歯学部に進学したあともがむしゃらにがんばって、妻と歯科医院を開業するところまでこぎつけたのです。

歯科医院を開業——産みの苦しみ

岡山大学の歯学部を卒業した私と妻が、岡山市内のビルの一角を借りて「オリーブ歯科」を開業したのは、平成四年の六月のことでした。

私は歯学部から大学院に進み、開業の時点で博士号を取得していました。妻は当時まだ珍しかった小児歯科の認定医の資格を持っていました。そこで、二人のキャリアを生かした特色を打ち出そうと、大人用と子ども用の診療室を分けることにしたのです。

ワンフロア四〇坪で、歯科治療用のチェア四台を、二台ずつに分けてのスタートです。小児歯科の部屋は、クロスなどもすべて子ども向けの柄にしました。

「オリーブ歯科」には、もう一つ特徴がありました。「痛くない」「待たせない」「治療内容について明確に説明する」というポリシーを掲げたのです。待たせないために予約制とし、来院した患者さんには必ずブラッシング（歯磨き）の指導を行い、虫歯や歯周病の予防のための説明にも時間をかけました。スタッフを全員、歯科衛生士さんとしたのも、ブラッシングの指導をしてもらうためです。

このころの歯科医院は、「痛い」「高い」「待たせる」が通り相場でした。長い時間待たせたあげく、治療は五分かそこらで終えてしまい、「痛くなったらおいで」というやり方が主流でした。

いまでこそブラッシング指導にも保険の点数が付きますが、当時はまったく無報酬でした。採算度外視でそんなことをやったのも、「虫歯や歯周病の予防を根付かせなければいけない」という、歯科医としての信念からでした。

スタッフは私と妻、それに歯科衛生士が三人。高い理想を掲げてスタートしたものの、一日一〇人も患者さんが来ない状態が続き、夫婦そろって医院のチラシを持って、ビラ配りをしてご近所を回りました。開業から三か月ほどしたとき、心労からとうとう血尿が出ました。

当面の運転資金として五〇〇万円を用意していたのですが、夏に開業して、その年の一二月にスタッフにボーナスを払ったら、貯金の残高が十数万円になってしまいました。それでも、「なんとか年を越せる」と思って安堵したことを、いまでもよく覚えています。

開院したとき、長女が三歳で、次女が一歳。保育園が休みの日曜日には、娘たちを院長室に遊ばせて、妻と二人で事務仕事を片付けたものです。娘たちはその光景を、大人になったいまでも覚えている、と言います。苦しかったけれど、そのぶん、夫婦は固い絆で結ばれていました。

飛ぶ鳥を落とす勢い

開業した年の瀬を乗り切ったころから徐々に患者さんが増え、先が見通せる状態になってきました。経営が軌道に乗ったのは、妻が担当する小児歯科のおかげでした。

当時、岡山市内には、小児歯科専門の歯科医院はほとんどありませんでした。妻が女医であることも、お母さんたちに安心感を与えました。子どもに優しい小児歯科専門ができたことが、クチコミで広がり、子どもの患者さんが驚くほどの勢いで増え始めたのです。子どもに付き添ってくる親も、やがて患者さんとして来るようになります。おかげでオリーブ歯科は開業後の経営危機を乗り越えることができました。そのことでは、妻には本当に感謝しています。

経営が軌道に乗ってからは、あれよあれよという間にお金が貯まり始めました。税理士さんのアドバイスで、個人経営だった医院を節税のために医療法人化したほどです。

長女の小学校入学を前に、貯まったお金で家を建てることにしました。

最初に買おうと考えたのは、市の中心から少し離れた、小さな建売でした。しかし、そのころには気が大きくなっていて、「もう少しお金をかけても、人を呼ぶのに恥ずかしくない家にしたい」と思い始め、結局、建売ではなく土地を買って、注文住宅を建てることにしました。

「やはり、それなりの門構えで」「故郷においてきた母を呼びたいから、三階建てに」といった具合にどんどん予算が膨らんでいき、最終的には最初の建売住宅の価格の三倍以上、一億円近い家になってしまったのです。自己資金は二〇〇〇万円ほどでしたから、莫大な額の借金を背負ったことになります。

開業の際に連帯保証人になってくれた義父が「身の丈にあった家を買い、もっとお金が貯まったら、それを売って買い直せばいい」と心配してくれました。小さいころから家の貧しさに引け目を感じてきましたから、生まれて初めてお金に余裕ができたことで、見栄を張りたくなってしまったのです。また、小林家の長男として、親を引き取って恩返ししたい、という思いもありました。私が大学生のときに祖父が、大学院生のときに父が亡くなり、私と弟は独立して、母だけが尾道の向島に一人で住んでいたのです。

「一人でさびしい思いをしているだろうから、うちに来て孫の世話でもしながら、幸せな余生を送ってほしい」

その私の思いに応えて、母は岡山の新居に移って来てくれました。

「『せがれが来いと言うから』と言ったら、みんな『いいなあ、小林さん、そう言ってくれる息子さんがいて』とうらやましがっていたよ」

と母から聞いて、私は誇らしい気持ちになりました。

自宅を建てる前年に歯科技工士となっていた弟も、岡山市内に呼び寄せました。

私は「『小林家をなんとかしてくれ』と言っていた、じいちゃんの期待にこれで応えられたかな」と感無量でした。

それだけでなく、私は三三歳の若さで岡山市の歯科医師会の理事に就任し、憧れていた「名誉」を手に入れたのです。

儲かる歯科医院、三階建ての持家、岡山市の歯科医師会理事……それは三十代前半の私にとってはあり余るほどの「成功の果実」でした。しかも、田舎から母を呼び寄せ、子宝にも恵まれて、夢に見た幸せな家庭をつくることができたのです。

「おれの力でやり遂げたぞ!」

まさに「成功者」の仲間入りを果たした気分で、この世は「自分を中心に回っている」と心の底から思っていました。

二つの危機——仕事と家庭

患者さんが増え続けるのは嬉しいことでしたが、開業から五年が過ぎたころから、歯科医院の診療に支障が生じるようになりました。患者さんの受け容れの問題です。

予約制で診療していましたが、飛び込みで急患もあります。急患で来た子どもさんが「痛い」と泣きじゃくっていたら、待たせるわけにはいきません。そういう急患の患者さんがたまたま重なってしまうと、予約の患者さんを待たせることになり、「予約どおりに来ているのに、どうして待たせるんだ」とクレームがくるわけです。

当時はビルのワンフロアを借りきっていたのですが、それ以上は診療台を増やすわけにもいきません。スタッフの残業にも限界があります。

一方で、岡山市の歯科医師会役員の仕事が、診療にも影響するようになりました。専務理事、副会長の要職に就くと、歯科医師会関係の電話が診療中に頻繁にかかってくるようになりました。歯科医師会では若造である私が、電話に出ないわけにはいきません。電話の対応をしていると、どうしても診療が遅れがちになります。診療が終わると、歯科医師会の用事が待っていて「院長は診療が終わるといつもいない」という状態で、スタッフとの関係も疎遠になりがちでした。

私が歯科医師会の副会長になった平成九年、私たち夫婦は三人めの子どもを授かります。今度は男の子でした。長男の誕生です。妻が産休に入り、代診のドクターを頼んで対応しました。

そのころから、手元に残るお金が減ってきたのです。売上が横ばい気味にはなったとはいえ、利益はそれなりに出ているのです。

「前と同じようにやっているはずなのに、なぜお金が足りないんだ」

キャッシュが消えた理由の見当がつかなかった私は、何をどうしたらよいのかもわからず、焦りと苛立ちを募らせるようになっていきました。

役員報酬である私の取り分を減らしていくと、住宅ローンと三人の子どもを抱えた家計がきつくなっていきます。

また、このころスタッフの出産の時期が重なり、人の出入りが頻繁になって診療体制が安定しないことも、苛立ちに拍車をかけました。

手元のお金が足りなくなった理由は、いまならわかります。

妻が働いている間は、小林家はダブルインカムの状態でした。妻が診療をやめてドクターを雇ったことで小林家の収入は半減、一方、歯科医院の人件費はアップします。それに加えて、歯科医院は、開院時に比べると税金の負担が大きくなっていました。初期の設備投資費用の償却期間が終わって納税額が増えたうえ、利益がでて次年度の予定納税が発生したために、手元に残るお金が少なくなっていたのです。

資金繰りがきびしくなっていたところへ、たまたま銀行から新たな融資の提案があったので、これ幸いと借り入れました。税理士さんから「借り入れを増やすと、資金繰りがもっときつくなりますよ」と注意されていたのに、目の前の現金が欲しくて手を出してしまったのです。結果は警告されていたとおり、真綿で首を絞められるように、借りたお金の返済と利払いで、資金繰りがきつくなっただけでした。

長男の出産から二年後に次男が生まれると、四人の子どもを育てながら診療を続けるのは無理だということになり、妻が家に入ることになりました。

それから、妻と激しくぶつかるようになったのです。

たとえば、次女がバレーボールで他県への遠征試合に行くことになり、妻がその送迎で朝の四時に起きて支度していても、私は歯科医師会仲間と夜遅くまで飲んで、朝はぎりぎりまで起きてきません。何一つ家のことを手伝おうとしない私に、それまでは口ごたえひとつしなかった妻が、かみついてくるようになってきました。

「よその歯医者さんはちゃんと家のことも手伝っているし、家族で旅行にも行っているわ。家のことは全部私がやって、仕事に専念させてあげているのに、これだけしか稼げないの」

それを聞くと、私もプチンと切れてしまいます。

「家は建ててやった。金は毎月渡している。これ以上、なんの不自由があるんだ」

私は自分の母が働きながら苦労して私と弟を育てていた姿を見ていたので、女性は働きながら子育てをするのが当たり前だと思っていました。診療をやめて家事に専念するのであれば、家のことは妻が一人でやって当然、と考えていました。

一方の妻は、それまでは副院長としてやっていた歯科診療の仕事を、子育てのためにやめざるをえませんでした。自ら下した決断とはいえ、家族のために自分ひとりが犠牲になっている、という思いが根底にあります。どうしても、「先生、ありがとう」と患者さんに感謝されていたときと比べてしまい、家事や育児はいくらがんばっても感謝も評価もされないのだ、と不満を募らせていたのです。

問題は、育児のことだけではありません。

歯科医院では妻が家に入ったあとも、妻のもとで働いていた歯科衛生士が、院長である私を素通りして、以前からの事情を知っている妻に診療に関する相談をしたのです。妻なりに親身になって歯科医院のことを心配しているのでしょうけれど、「副院長」気取りの物言いをしてくるので、私が非難されているように聞こえてしまいます。

「診療をやめたんだから、おまえは引っ込んでいろ！」

となってしまう。家庭だけでなく歯科医院を巻き込んで、夫婦間の溝は深まっていきました。

それに加えて、育児や家事を妻任せにし、私が歯科医師会の役職に就いて走り回っていることが、二人の間の溝をさらに深めたのです。

「男として、頼まれたら断れないんだ」

と役職を続けることになったことを告げると、

「あんた、肩書が欲しくてやっているだけしょ。家のことも満足にできない人が、外できちんとやれるのかしら」

と痛烈な言葉が返ってきます。

妻は町会議員をしていた祖父のために、祖母が苦労する姿を見て育ちました。男の権力欲や虚栄心のために家族が犠牲になるし、男の外面と内面が極端に違うのを間近に見て、政治向きのことに対する嫌悪感や不信感を抱くようになっていたのです。

そんな妻が、私が熱心に歯科医師会活動をやっていることを、快く思うはずがありません。ついには、私の歯科医師会活動について、無関心を装うようになりました。

もう一つの亀裂が、自宅に引き取った私の母と妻との関係です。いわゆる嫁姑問題です。母を新居に呼び寄せた当時は、それが親孝行になるし、わが家の家事や育児を手伝ってもらえると、いい方向に考えていました。妻も家を建てるときに、「お母さんの部屋もいるよね」と賛同したのです。しかし、実際に一緒に暮らし始めると、妻と母では生活習慣も、家事のやり方も、子育てに対する考え方も違い、微妙に衝突するところがありました。

それが共働きをやめて、妻が家に入ったことで、二人の関係が険悪になっていきました。妻は、家に入ったからには、自分なりの理想の子育てをしたい、と考えていたようです。母は、昔の家庭観で育った人ですし、孫がかわいいあまり、つい愛情に任せて動いてしまいます。母が孫の世話をしようとすると、妻は「それぐらい自分でやらせて」とさえぎり、妻が子どもに当たったりすると「そんなことを言うものじゃない」と母が非難する、といった具合です。

家に帰ると、妻と母から入れ替わりに愚痴を聞かされるので、「こっちは疲れているんだ。いい加減にしてくれ」と腹を立てました。

家の雰囲気が最悪になり、顔を見れば文句を言われるので、私は夜一〇時前には家には帰らなくなりました。診療のあと歯科医師会の仕事を終えて、繁華街に飲みに出ていけば、「先生、先生」とちやほやされる。そこで憂さを晴らし、夜中、みんなが寝静まったころに、帰宅するのです。朝は子どもたちが出かけてから起きてきて、歯科医院に出ていくという生活でした。

がんばって稼いで立派な家を建てれば、家族は幸せになれる、と思っていたのが、いざ住んでみると、安らぎなどまったくない家になっていました。

家庭がそんな状態になっていたころ、九年間務めた歯科医師会役員の任期が満了になり、私は歯科医師会活動から身を引くことにしたのですが、いざ歯科医師会の役員をやめてみると、「肩書」もやりがいも同時に失って、ある種の喪失状態になっていました。なによりも、歯科医院と家の資金繰りがひっ迫していることで、頭の中はいっぱいいっぱいだったのです。

一方、妻のほうは、私が長年の歯科医師会活動をやめたのだから、少しは家庭の問題に向き合ってほしいと、期待を寄せたようです。ところが、私が家とのかかわり方をいっこうに変えないので、前より激しくぶつかってくるようになりました。

それがエスカレートし、「誰のおかげで飯が食えてると思っているんだ！」と私が言い放ったあとに、妻が一人で実家に帰るという事件になってしまったのです。

「実家に帰っても考えが変わらなかったら、別れるつもり」

と言って妻が出ていったのは、いつも話題にする「嫁姑の対立が原因だろう」と勝手に思っていたくらいですから、妻の心情などわかるはずがありませんでしたが、あとで聞くと、実はこういうことだったのです。

家庭が荒《すさ》んでいくのに、一家の責任者である主人は、これっぽちも改善しようとしない。どうすればいいのだろう？　ただ、子育てに追われる毎日、頭の中がぐちゃぐちゃで、落ち着いて考える場がない。離婚する以外に解決のしようがないのか？　ここで冷静になって、自分の気持ちに向き合ってみよう。

妻は実家に帰って、大好きだった祖母のお墓参りをしたときに、すうっと気持ちが落ち着いてきたそうです。そこでどういう啓示があったのか、どういう思いをめぐらしたのか、私にはわかりせんが、ともかく、実家から戻ってきてくれました。「あなたもさびしかったんだ、私に認めてほしかったんだよね」としたためた手紙を携えて。

妻が冷静さを取り戻し、賢明な判断をしたことで、ひとまず離婚、家族崩壊の危機は去りました。

しかし、私は妻が出ていった原因が自分にあることに気づいていないので、「やれやれ戻ってきたか」くらいの気持ちで、なんの反省もしていません。一方、妻もまた忙しい毎日を送るようになると、心の余裕がなくなってしまい、とげとげしい家の雰囲気は、何も変わりませんでした。

いまにして思えば、あのときが貴重な夫婦の仲直りのチャンスだったのです。

夫婦の問題を先送りにした代償が、いかに大きいか。ほどなくしてわが家を襲った悲劇によって、私たちは思い知らされることになるのです。

救いを求めて、人に頭を下げる

歯科医院経営で、原因不明の資金不足に悩まされるようになってから、少しは経営の勉強をしなくてはと考えて、会計の本を読んだり、日本経済新聞を読むようになりました。歯科医向けの業界新聞も取りはじめたのですが、そこに載っていたコラム『羅針盤』の一文に、私の目は釘づけになりました。

「自己破産したり家庭が崩壊するのは、一医院で一億円以上売り上げている院長が多い」

平均売上が四〇〇〇万円とされている歯科医院の世界で、オリーブ歯科は開業四年目で年間売上が一億円を突破していました。そして、資金繰りに悩まされ、家庭がおかしくなっている。まるで、自分のことを言われているようでした。

それにしても、なぜ売上が大きい歯科医院の院長が破産するのだろうか？　そして、私のところは大丈夫なのか？

以来、このコラムをマークするようになりました。執筆していたのは歯科医院に特化した経営コンサルタント「ＤＰＳ」の齋藤忠さんです。「ＤＰＳ」は、コンサルティング先である全国各地の歯科医院の詳細な経営情報を持っているのが特徴でした。

新聞のコラムを読み続けているうちに、無手勝流にやってきたけど、このコンサルタントの方なら直面している経営問題を解決してくれるかもしれない、と思うようになったのです。平成一五年の夏、東京で開かれた「ＤＰＳ」主催のセミナーに、悲壮な決意をもって参加しました。セミナーの参加はこの年が二度目、資金繰りが一段と苦しくなってどうにもならない状態に追い込まれていました。

セミナーのあと、私は思い切って齋藤さんに、経営相談のお願いをすることにしました。

「過去三年分の決算書と、事業用の借入、住宅ローンの返済明細、生命保険の証書、年金をかけていたらその証書も送ってください。それを分析してからお返事します」

その返事を聞いて不安に思っていたら、しばらくして齋藤さんから連絡が入り、岡山で会うことになったのです。

夕食をご一緒した席で、齋藤さんがこう切りだしました。

「数字をすべて見せてもらいました。かなり困っていらっしゃることはわかりましたが、まだ崖っぷちというところまで追い込まれていませんよ」

税金を支払う資金繰りをきちんと立て、売上を伸ばす方策をとれば乗りきれる、という説明でした。

それを聞いて、「ああ救われた」、と思いました。資金不足におびえていた緊張がほどけていくようでした。家庭の不和、医院内での人間関係のいざこざ、院長としての不安など……誰にも口にできなかったことを打ち明けていくうちに、「なんでこんなことになってしまったのか」という気持ちが込み上げてきて、泣き出していました。

「あなただけではありませんよ。稼ぐほど不幸になって、思い悩む院長はたくさんいます」

齋藤さんにそう受け止めてもらえたことで、私は「初めて自分の思いをわかってもらえた」と感じました。

その場で齋藤さんに、オリーブ歯科の顧問をお願いしました。妻が実家に帰り、また家に戻ってきた翌月のことでした。

妻は私が齋藤さんを顧問に迎えたことを聞いて、行き詰まった私がついに万歳した、と悟ったようです。当時の思いを、あとでこう話してくれました。

「いつも『おれが偉い、おれが偉い』で、私の言うことをまったく聞かなかったあなたが、初めて人に頭を下げたんだ。それは驚きだったし、この強情な人がよほど困っていたのだな、と思った」

この決断が、経営の窮地を脱する転機となりました。

経営改革に着手

話は前後しますが、歯科医師会の役員活動を終え、「次のステップをどうするか」と考えたとき、目標にしたいと思ったのが大手歯科医院グループでした。全国的にグループ展開をしているトップクラスの経営者に面会して、「負けておれんぞ」という気持ちに火がつきましたが、一方では大手に比べてマネジメントシステムが著しく劣っていることを痛感したのです。「経営の改革に取り組まなくては」と決意。まずは、社会保険労務士事務所と契約して、就業規則や賃金規定を作成してもらい、賃金体系をシステム化。同時に給与計算や社会保険の手続きなど、これまで歯科医院でやっていた人事労務の作業も頼むことにしました。

そういう取り組みをしていたところへ、コンサルタントの齋藤さんを迎えたのです。第一章でも紹介していますように、齋藤さんの「しばらく潜りなさい」というアドバイスを受けて、私は経営の立て直しに本腰を入れることにしました。

一つは、売上アップの方策。それに有効なのが、自由診療の比率を高めることでした。齋藤さんの経営する「DPS」が持つ、歯科医院の経営に関する豊富なデータを参考に、インプラントの勉強会に出ることにしました。

一つは、私を悩ませていたお金の流れの問題を解決すること。一年間をかけて、開業以来一年分の総勘定元帳を整理し直すことにしました。これによって、決算書の数字では見えなかった、実際の現金の動き、キャッシュフローを月次単位で把握できるようになりました。税金の支払い、ボーナスの支払いでどう変動するか、といったことがわかってくると、それに応じて資金を用意すればいいのだ、あるいは変動要因を減らせばいいのだ、と具体的な対応策がわかってくるのでした。手元資金は必要以上に持たなくてもいいのだ、ということも。

また、診療以外のことで、院長である私の負担になっていた会計業務を専任スタッフに委ね、経営の立て直しに多くの時間とエネルギーを割くことを心がけました。

こういうことに取り組みながら、新たな成長につながる布石をすることにしました。それがグループ展開の中核となる「アスペック」の設立です。グループ全体の会計業務などもここが担うことになります。これまで大手歯科医院グループを視察して学んだことと、齋藤さんが以前に試みた分院計画を突き合わせながら、独自のグループ展開のプランを詰めていきました。開業したいドクターを手厚く支援して、成功に導きたい。その最初の矢を、私と共にオリーブ歯科の診療を支えてきた副院長に託すことにしました。

もう一つが、「錦の御旗」を掲げることでした。

それまでは歯科医院を大きくするしか頭になかったことや、私と妻の対立が原因でスタッフ間にしっくりいかないところが出ていたこともあり、これからの方向性を早期に示すことが大事だと考えました。つまり、「錦の御旗」を掲げることが必要だったのです。

まず、「安岡人間学」で重視する「徳」を社是としました。孟子《もうし》は「徳の五常」として「仁・義・礼・智・信」をあげていますが、ギリシャ語で「仁・義・礼・智・信」を意味する言葉の頭文字をつなげたのが「アスペック」です。

アスペックを設立した翌年に初めてグループ研修セミナーを開き、そこで経営理念をこう掲げました。

「アスペック・グループは歯科医業を通じて国民の健康増進に寄与することにより、全スタッフの物心両面での幸福を追究する。その結果、法人の発展を信ずるものである」

しかし、研修セミナーでは、「徳」の大切さを訴えながらも、売上目標やグループ展開計画の確認を最終の目的にしていました。グループ研修セミナーを毎年続けて、私やスタッフの人間学への理解が深まり、「徳」と「利」の調和が図れるようになるのは、かなり先になってからのことです。


経営の立て直しをしていくうえで、それまでと違っていたのは、グループ展開がその代表例ですが、長期的な視点で考えるようになったことです。

「歯科医院経営をするには、目先の利益だけを追ってはいけません、長期的な視点で取り組むことが大事ですよ」と齋藤さんからアドバイスを受けました。それが安岡さんのいう「思考の三原則」に基づいた経営のやり方でした。

長期的な取り組みのもう一つが、自社ビル建設でした。

これからの展開を考えたときに、診療拠点をどうするか。テナントとして家賃を払い続けるのと、土地を購入し自社ビルを建てるのと、どちらのほうがメリットがあるか。検討した末に、自社ビル建設に踏み切ることにしたのです。そのために私が検討した内容については、第四章に詳しく書いています。

そして、当時の取引銀行の支店長さんも、「応援しましょう」と言ってくれ、だいたいの青写真ができたところで、知り合いの不動産会社を通じて土地探しを始めたのですが、適当な土地がなかなか見つかりませんでした。私も自分であちこちの地主さんに足を運びましたが、すべて空振りに終わりました。

この案件は、土地が見つかるのを待つしかありませんでした。

長女の入院——家庭崩壊の危機

夫婦の関係や家庭の状態を修復できなかったことが原因で、ついに家族に犠牲者が出てしまいました。妻の家出事件から、半年ほどたったころです。

ある朝突然、中学二年生の長女が入院することになったと、妻から告げられたのです。

「入院？　それも精神科だと、どういうことだ」

私は驚いて聞き返しました。

長女はもともと利発で、学校でもいつもリーダーシップをとっているような子でした。長女のことを「たいしたもんだなあ」と思って見ていたぐらいで、心を病むなど、とても信じられませんでした。

「拒食症で体重が落ちて、命の危険があるから、入院することになったの」

「拒食症？　命の危険？　いったいいつからそんなことになったんだ。そんなことになるまで放っておくなんて、母親失格だぞ！」

と私が妻を責めると、またいつものように口論になりました。

「よく言うわ！　自分は家のことなんか、なんにも見ていないくせに！」

妻の言うとおりで、私は長女の身に何が起きているのか、まったく無関心でした。長女は、それ以前から身体の不調を訴えていたようなのです。

病院へ行き、主治医から「この病気は、骨折のように、半年で治るというものではありません。何年もかかると覚悟してください」と告げられて、愕然としました。「摂食障害」という病名も、初めて知りました。

いったいなぜ、こんなことになってしまったのか？

混乱した気持ちで病室に見舞いに行くと、長女からこう言われたのです。

「お父さん、私のこと、見てくれていなかったでしょう」

そのひと言に私は打ちのめされ、涙があふれてきました。

……言われてみれば、長女とろくに口をきいたこともなかった。でも、子どもたちのためにと思っていつもがんばってきたのに……。何がいけなかったのだろうか？

長女が生まれた半年後には、大学病院に助手として勤務、その翌年から勤務医として働き始め、やがて開業。ずっと忙しくて一緒に遊んであげる機会は少なかったかもしれないけど、健やかな成長を願ってきたのです。

長女の病気の原因を知ろうと、拒食症に関する本を読んでみると、「拒食症の原因として、母親との軋轢《あつれき》がある」「食べる、食べないは症状であって、原因は家庭環境にある」といった説明が出てきました。

原因はこれか、とあたりをつけて、主治医との面談でこう尋ねました。

「母親との関係が問題だと聞いたのですが、やはり妻の育て方が原因なのでしょうか?」

長女から「お父さんが見てくれていなかった」と言われても、やはり自分以外の誰かに責任を押しつけたかったのです。

しかし、主治医の答えは、違っていました。

「お父さん、ご存じでしたか? ご家庭のいろいろな問題が原因で、娘さんはこうなったのです」

父親の私も娘を傷つけているひとり、ということでした。そして、カウンセリングでわかった、長女の病気の原因と推察される家庭環境について話してくれました。

長女はしっかり者でしたが、一方で繊細なところがありました。私の母が長女に、私の妻の悪口を言う。妻は長女に、私の母の悪口を言う。長女からみれば、私の母も、妻もいい人なのに、どうして悪口を言い合うの? そうだ、自分がいい子でいればいいんだ、と家族の不満をひとりで引き受けようとしていたのです。しかし、そんなことが毎日繰り返されれば、思春期を迎えた少女が耐えきれるわけがありません。娘の心はむしばまれていったのです。これでもかというほど、痛々しく。

それは、母や妻の言うことを私がまともに取り合わず、放置していたことへの手痛い代償でした。それにしても、娘がこんなに傷ついていたとは、悔やんでも悔やみきれません。

長女はそれから半年ほど、閉鎖病棟に入院することになりました。

家族で彼女を支えなければなりませんが、まだ下の男の子二人が小さく、妻はその世話があって病院に見舞いに行けないので、私が病院に通うことにしました。朝、医院が始まる前に面会に行き、夜は診療が終わる八時ごろから面会時間が終わる九時まで、病室にいました。日曜日は、親と一緒なら外出が認められるので、できるだけつきあうようにしました。

最初のうちは、私が会いに行っても、娘は何も話そうとしませんでした。私も、何も言うことがありません。ただ座って、「こんな目に遭わせて、ごめんな」と言うぐらいです。

それが毎日続きました。その間は本当につらかったです。

面会に通い続けて何週間かたつと、長女が幼いころの家族の思い出を話すようになってきました。ぽつりぽつりと「あのときはああで、このときはこうで」と長女が話すのを聞いて、彼女の胸に刻みこまれていた家族への思いがどんなだったか、初めて知ったのです。

長女が育つ姿は見ていたかもしれない。しかし、それは父親が長女をかわいいと思う目線だけで、たとえば何を望み、何を楽しいことだと思い、何に悩んでいたのか、心の内側に思いを馳せることは、まったくありませんでした。

私はそれまで「どんなことでも、必死で努力すれば乗り越えられる」と信じて生きてきました。が、娘の病気で「いくら自分が努力しても、どうにもならないものがあるのだ」と、思い知らされました。

そのころ、私は家に帰っても、自分の居場所がありませんでした。でも、娘が入院している病室では私は必要とされています。長女が入院することによって、私自身の居場所ができた。それが、唯一の救いでした。

当時、小林正観《せいかん》さんという人が、「『ありがとう』を一〇万回言うと、願いがかなう」と唱えていました。私は藁《わら》にもすがる思いで、その言葉を信じました。病院と自宅の間は自動車で五分もかからない距離です。なのに、同じところをグルグルまわりながら、「ありがとうございます、ありがとうございます」と唱え続けました。「今日は一〇〇回」「今日で一〇〇〇回」と数えながら。

安岡正篤の名を知る

「オリーブ歯科」の顧問に迎えた「DPS」の齋藤さんは、サラリーマン時代に二度の倒産を経験し、歯科医院に特化したコンサルタントを始めた方でした。

齋藤さんが見るところ、「経営が行き詰まる院長には特徴的なパターンがある」というのです。

「みんな小成功でおかしくなる」

小金を稼いだ院長が、高級外車を乗りまわしたり、女遊びをするようになり、家族との関係がおかしくなっていく。急な坂を転げ落ちるように経営が傾き、お金に困ったあげく、市中金融に手を出してしまう。ついには、歯科医院を売却、一家は離散……ということも珍しくない。

倒産した会社の経営者や転落していく院長の姿を何人も見ているうちに、齋藤さんは安岡さんの著書に出合い、こう考えるようになったのです。

「経営のノウハウをサポートするだけでは、本当に助けることはできない。経営の根幹にある院長の『人性《じんせい》』を向上させることにまで踏み込まなければならない」

齋藤さんがそういう価値観の持ち主でしたので、会計や事業戦略といった医院経営のことにとどまらず、こうアドバイスされました。

「『修己治人《しゅうこちじん》』つまり『己を修めて、人を治める』といって、自分自身の人間性を高めなければ、経営もうまくいきませんよ。数字の勉強だけでなく、安岡さんの本を読んで人間学の勉強もしなさい」

私には「己を修める」という発想は、まったくありませんでした。トップが「やれ」と命令をすれば、下はやるものだと思っていましたし、その考えでオリーブ歯科を運営できていたからです。

経営者として、自分に欠けているものを、これから身につけなければならない。齋藤さんはその軸にすべきものとして、「安岡人間学」を勧めてくれたのです。

実は、齋藤さんが業界新聞に寄稿するコラムやセミナーでの話に出てくる安岡さんの言葉を意識し、安岡さんに関する本を何冊か読んではいました。

最初の一冊は、松本幸夫さんが書いた『安岡正篤に学ぶ』（総合法令出版）です。安岡さんの言葉をいくつか選び出して、簡潔に説明してあったので、「安岡正篤という人は、道徳や人としての生き方などについて話をしているのだな」とわかりました。

次は神渡良平さんの『宰相の指導者　哲人安岡正篤の世界』（講談社）を読みました。安岡さんの伝記です。安岡正篤さんは明治三一年に生まれ、思想家として広く知られています。伝記によれば、安岡さんには、三三冊の著作と二二冊の講演録があり、安岡さんの薫陶を受けた政治家に池田勇人や佐藤栄作といった総理大臣がいて、安岡さんが「宰相の指導者」と呼ばれるゆえんだ、ということが書いてありました。政治の世界に興味があった私には抜群におもしろく、安岡さんに親近感を覚えました。

それに勢いづいて、『安岡正篤　人と思想』（致知出版社）を読みました。この本は、安岡さんを師と仰ぐ財界関係者がその思いを綴ったものです。冒頭では、稲盛和夫京セラ名誉会長が安岡さんについて寄稿しています。稲盛名誉会長は、安岡さんの『運命と立命』を読んで、『陰《いん》騭録《しつろく》』という中国の古典を知り、それが座右の書になった、といったエピソードなどが載っています。

齋藤さんから薦められたのは、『人物を創る』『運命を創る』『知命と立命』の三冊でした。いずれもプレジデント社刊の人間学講話シリーズです。

ご本人が書いた本を読むのは初めてです。

理系の人間ですが、もともと歴史は好きなほうで、『三国志』の漫画も好きだったし、高校のときは世界史もとっていました。中国の歴史についても、自分では少しは知っているつもりでした。ところが、安岡さんの本では、教科書には全然出てこない人の名前が、いかにも重要人物であるかのように出てくるのです。『四書五経《ししょごきょう》』ぐらいは、教科書に出てくるので知っていましたが、『菜根譚《さいこんたん》』『呻吟語《しんぎんご》』といわれると、なんの本なのかさっぱりわかりません。

どのページを眺めても知らないことばかり書かれているので、「うわっ、これは読めない！」とすっかり気力が萎《な》えてしまいました。仕事が忙しかったこともあって、読むのは後回《あとまわ》しにしてしまいました。

人間学を学ぶ——最初の一冊を読む

経営の立て直しを進めていくうちに、数字のことではない勉強、人間学の勉強が必要だということを痛感するようになりました。

そこで、安岡正篤という人をもっと知ろうと、東京へ出張したときに埼玉県の武蔵嵐山まで足を延ばすことにしました。安岡さんが創設した日本農士学校を引き継ぐ「研修所」の敷地内に設けられた「安岡正篤記念館」を訪れるためです。平成一六年九月のことでした。

初めて見て、書庫に収められた膨大な数の本に驚きました。この訪問がきっかけになって、「いつまでも放っておかないで、安岡さんの本を読まなくては」と決心したのです。

まず基本的な言葉を知らないと、どうしようもないと思い、高校生向けの参考書を買うことにしました。学研の『よくわかるシリーズ』の世界史と漢文、さらに倫理社会です。参考書で歴史や漢語の基本的な知識を得ようと考えたのです。

おかげで、本に出てくる言葉の意味や、登場する人物のバックグラウンドが理解できるようになりました。

意を決して、齋藤さんに薦められた三冊のうち、『運命を創る』から読むことにしました。読み終えるまで二か月かかりましたが、私にとって鮮烈だったのは、「徳」についての話でした。

それが、「人間を木にたとえれば、真ん中の幹が徳であり、知識や技術は枝葉である」という一節です。

「知識や技術は枝葉」と言われて、私のやってきたことが全否定されたように思いました。苦労して歯科医師の国家資格を取り、いい歯医者になろうと磨いてきた技術が、私の自慢でした。それが「枝葉」であって、安岡さんが真ん中の幹だと力説される「徳」とは、「挨拶」や「礼儀」のことではありませんか。

「小学校に入る前に教わるようなことが、長年学んできた知識や技術より上だというのですか?」

そう、安岡さんに反論したくなるような心境でしたが、よくよく考えてみれば、自分で「徳」を社是に掲げておきながら、「徳」とは何か、まだ理解できていないことに気づかされたのです。

「もっと本格的に安岡さんの教えを学びたい」という気持ちが高まりました。

安岡本読書会スタート

安岡人間学の勉強は、コンサルタントの齋藤さんから安岡さんの言葉を折に触れて教えてもらうこともあって、徐々に進んでいきました。ただ、断片的な知識しかないためか、教えの本質に触れる、というレベルにはほど遠いところで彷徨《さまよ》っていたのです。武道でいえば、型は見よう見まねで覚えて剣を振りまわすことはできるようになったけれど、一撃で相手を仕留めるのは到底無理、というレベルです。

そんなときに、安岡さんのことをよく勉強している人が岡山にいる、という情報が齋藤さんから入りました。それが本原康彦さんでした。

本原さんは私より三歳年上。岡山市内で学習塾「本原塾」を運営し、小学生から高校生まで、二〇〇人もの子どもたちを教えていました。「本原塾」の特徴は、ただ成績を上げるための指導ではなく、「生徒たちの人間的な成長に寄与しなくてはならない」という信念を持って、人間教育にも力を入れているところにあります。本原さんは、ちょっと強面《こわもて》で教育者然とした風貌には見えないところがあるのですが、真心で子どもたちに接する教育者、といっていいでしょう。

話を聞いてみると、本原さんは三〇歳のときから「安岡人間学」を学び始めて一五年以上になる、ということでした。一方の私は、安岡さんの本を読み始めてやっと一年というところ。

安岡さんの勉強をしたい、という一途な思いを伝えたところ、本原さんが「毎月一回、二人で安岡本を読む読書会をしましょう」と快く引き受けてくださったのです。

チャンスだと思ったら、直観を信じよ、遠慮は無用、というのが私の行動原理です。たとえ追い込まれた状況になっても、自分の思いでまわりの人を巻き込んでいく行動力は、安岡さんの言葉「縁尋機妙」に通じるものだ、と勝手に解釈しています。本原さんとのご縁をいただいたことで、私は安岡人間学を本格的に学ぶことになりました。

最初は一か月に一冊を読むのに難儀しましたが、何冊か読むと、同じような話が繰り返し出てくるので、読むハードルが下がってくるのです。そして、私にとって、一か月というサイクルで安岡さんの本を読むことは、とてもありがたいことでした。

歯科医院の経営立て直しが思うように進まないことや、グループ展開に伴う人の問題や、娘の病気のことなどを、本原さんに包み隠さず話しました。すると、本原さんは、塾経営者としての経験をもとに、自分のもとを巣立って塾を経営している元スタッフとの関係や、中高生の進路の実態などを教えてくださるのです。安岡さんの教えによれば、こういう考え方ができるのでは、とヒントを出してくれることもありました。

次の読書会で、自分がどれくらい実践できたか、本原さんに報告をするわけですが、それは一か月間の変化を自分で検証することになったのです。娘の進路相談に乗ってもらったこともありました。

業種の異なる経営者同士、安岡さんの本について思うところや自分の考え方などを率直に語り合う読書会は、いつのまにか「実践的な人間学の学び」になっていきました。六年におよぶ読書会が終わってから本原さんと、こう振り返ったものです。

「読んだことを確認する場から、人間学について話し合いたいから本を読んでいく、というように、読書会が変わっていきましたね」

二人で読んだ本は、本原さんの提案で読んだ森信三さん（哲学者・教育者）の著作もあわせると、五〇冊を超えたのでした。詳しい読書記録は、第三章をご参照ください。

母を故郷に帰す——家族再生への悲痛の決断

いよいよ家庭の問題に、決断を下すときが迫ってきていました。

長女の病状は徐々によくなってはいましたが、一進一退を繰り返す状態でした。病院から学校へ通学するところまで回復したと思ったら、再度、休学ということになってしまいました。「もう一回、学校に行ってみる」という本人の希望で、高校一年のクラスをもう一度やり直すことにしました。平成一八年四月から再び、高校に通い始めることにしたのです。

なんとか長女を、学校に復帰させてやりたい。

私も妻も、これが長女が立ち直る最後のチャンスだ、と思いました。そのためには、長女が自宅から学校に通える環境を整えてあげないといけない。

長女を悩ませている原因、家族の問題は実は二つありました。一つは嫁姑の対立、もう一つは夫婦の確執です。それを根本的に解決しないといけないのです。

嫁姑の対立を解決する方法はひとつ、私の母を田舎の向島に送り返すことです。

しかし、私は長女の回復を願いつつも、内心はハムレットのような心境で決断がつかずにいました。

「母親への愛、長女への愛、どちらをとるか？　いや、どちらも大事だ」

年老いた母親を田舎に送り返して、一人暮らしをさせるなんて、親不孝の極みではないか。四〇年以上、孝行息子として生きてきたのですから、どうしても、その思いにとらわれてしまいます。

冷静に考えてみれば、尾道の向島には以前住んでいた家が残っていて、帰れる場所があるのです。幸いにして、母がまだ元気で、ひとり暮らしで不自由することはなさそうでした。

けれども、長女の居場所はわが家しかありません。その家を一日でも早く平穏な状態にしなければ、長女がまた壊れかねない。へたをすると、社会復帰する機会を逃してしまう。

決断をためらう私に、「長女のためにお義母《かあ》さんを尾道に帰して」と妻は必死に訴えてきます。

「母に帰ってもらおう」と覚悟を決めました。

しかし、いざそのことを告げようとすると、母親に対する愛情が勝ってきて、決意が鈍ってしまうのです。私一人では言う勇気がわかないので、弟に事情を話して、同席してもらうことにしました。

二人で一緒に、こう頼みました。

「向島に戻ってくれないか」

母は、余計なことは言わずに、素直に故郷に帰ってくれました。

もう一つの問題は、夫婦の確執です。

母がいなくなって、嫁姑の対立という一つの問題が解決しても、父親と母親の関係がぎくしゃくしていたのでは、回復に向かっている長女の心を再びむしばんでしまう。

この関係の改善に動いたのが、妻でした。長女の病気をきっかけに、自分の子育ての仕方を反省し、家族とはどう接すべきか、妻なりに学んでいたのです。

妻は子どもたちと、こう申し合わせをしたのです。

「これからは、お父さんの言うことを聞こう」

いろいろ意見は言ってもいいけど、最終的に主人が決めたことにみんな従おう、と妻が考え方をあらためてくれたのです。

当時、子どもたちとの日常的な会話はほとんどなく、私が疎外されている状態でした。父親と母親の言うことが食い違えば、子どもたちは戸惑います。まして、両親が子どもたちの前で、相手を罵倒しあっていたのでは、親に対する尊敬の念は消えてしまいます。

「親のようにはなりたくない」。その一心で生きてきたけれど、気づかないうちに、その私が子どもたちの「反面教師」になりかけていたのです。

長女を支えようと懸命に努力するうちに、険悪だった私と妻の関係も、少しずつよくなっていきました。母を郷里に帰したことや、私を中心に家族がまとまろうとしていることが、再び高校に通い始めた長女の心に伝わったのか、やがて大学進学を目指すところまで回復していくのです。

安岡さんの『運命を開く』に、家庭教育について述べた一節があります（六八ページ～＊新装版七一ページ～）。

「人間である限り、いかに幼稚であっても（中略）、愛を要求すると同時に『敬』を欲する。（中略）愛の対象を母に求め、敬の対象を父に求める。（中略）

ところが、不幸にして世の父親族というものは、家庭を誤解して、自分たちは外に出て、終日働いて疲れて帰って来る、（中略）くだらぬ遊びで夜ふかしをする、朝寝はする、（中略）怒鳴り散らしたり、ろくなことを子供に見せない。子供からいうと、もっと偉くあってほしい。（中略）本能的に失望する。これがいけないのです」

それは、家庭を顧なかった当時の私そのものです。安岡さんの話はこう続きます。

「妻は夫を、子供のために父として、なるべく立派な父にするように、配慮せねばなりません。もちろん、夫の方も妻を、子供にとって立派な母にするように気を配らねばなりません（以下、略）」

私たち夫婦が、これから子どもたちにどう向き合うべきなのか、そこに答えが示されているようでした。子育てとは、父親と母親が互いに尊敬の念をもってやる共同作業だ、ということでしょう。

郷里に帰した母のことが気がかりでしたが、まわりの人から、「まあ、あなたも私たちと同じね」と歓迎されたとのこと。彼女たちも、故郷を出た息子の家族と同居してはみたものの、うまくいかずに戻ってくる、というような経験をしていたようです。私たちと離れて暮らすようになって、母と妻との関係もよくなりました。

さて、母を実家に帰した翌日、不動産会社の社長から、「院長、本社ビル用の土地が出ました」と電話がはいりました。現地を見てみると、場所、環境とも申し分ありません。「買おう」と即決しました。

その夜、私はなかなか寝つけませんでした。探し回っても見つからなかった土地が、母が実家に帰った翌日に出てきたのです。

「シンギュラー・ポイント（機）」という安岡さんの言葉があります。ある条件を境に、ある状態がある点を境に変化する、この変化するときに起こる、もしくは起こしてしまう出来事、現象のことです。

『知命と立命』で安岡さんは、「機」についてこう言っています（四八ページ～　＊新装版四八ページ～）

「すべてに機がある。商売にも『商機』というものがあって、商機をつかまえなければ商売は活きない。（中略）我々の生活にも常に機というものがあり、それを活かす――活機――ことが重要だ」

二年かけて見つからなかった本社用の土地が、ポンと出てきたのは、まさに「シンギュラー・

ポイント（機）」だと思えました。

家族の問題を解決したことで事業の環境は整った、本社ビル建設に向けて歩を進めよ、という啓示だったのでしょう。

自社ビル完成、グループ展開進む

ついに念願だったアスペック・グループの本部、自社ビルが完成しました。平成一九年五月、そこはオリーブ歯科の診療拠点であり、私にとっては「城」を構えることになったわけです。

一方、グループ展開は、支援した一つめの歯科医院が、想定していたようにはなかなか立ち上がらなかったのです。その様子を見守っていたことと、自社ビル建設と時期が重なったことで、グループ展開に一時慎重になりましたが、開院するドクターの準備や土地の手配など環境が整い、再始動させます。平成一九年に二つめの歯科医院を、二年後にに三つめの開院を支援。当初の構想からすると、展開ペースもグループの業績も目標を下回っていましたが、アスペック・グループの体制がひとまず出来あがった、といえるところまできました。

次なる展開に向けて、院長室に貼り出した岡山市の地図を眺めながら、新たな歯科医院開設の支援計画を立てていました。

ところで、歯科医師会の役員活動を離れてから入会した盛和塾岡山では、意欲的な経営者の輪の中にいることで多くの刺激を受けていました。

歯科医院の再生がまだ道半ばという状態でしたが、平成二〇年に「稲盛和夫市民フォーラム」の準備をお手伝いしたことがきっかけで、盛和塾岡山の世話人に推挙されたのです。

ちなみに、盛和塾とは、京セラの創業者・稲盛和夫氏を塾長とし、「人生哲学」と「経営哲学」を学ぶ経営者の集まりです。現在、国内外に広く支部があり、岡山においても、盛和塾岡山として一三〇人の会員（平成二七年九月現在）を擁し、多様な活動をしています。

第三章

安岡正篤本の読み方

なぜ五〇冊も読むことができたのか

安岡さんのご本人の著書と安岡さんに関する本を五〇冊以上も読んできましたが、その大半は本原さんとの読書会で読んだものです。これまでに読んだ本のリストは、「私の安岡正篤本読書記録」（左ページ）をご覧ください。

六年におよんだ二人だけの読書会。課題の本の選定は、本原さんにお任せです。「毎月一冊読む」という男と男の約束を守り通しました。もちろん、初めて読む本がほとんどですから、わからないことがいくつもありましたが、生来ポジティブに考える性格なので、そのことはあまり気にせずに読書会に臨みました。

読書会で本の内容の理解度を確かめ合っていたのは、初めのうちだけです。本原さんからの提案で、本の内容に関連する身の上話や世の中の話題などについて、自分がどう考えるかを話し合うようになりました。

「こんなことがあったのですが、安岡先生の教えから見るとどうでしょうね？」といった感じです。こういうやりとりができたのは、私にとってとても有意義でした。どうしてかといいますと、院長である私は立場上、日ごろは肚《はら》の内を誰にも明かせません。本原さんとは経営者同

私の安岡正篤本読書記録

1　安岡正篤さんを知るために読んだ本

書名	著者	出版社
安岡正篤に学ぶ	松本幸夫	総合法令出版
宰相の指導者　哲人安岡正篤の世界	神渡良平	講談社
安岡正篤　人と思想		致知出版社
安岡正篤の人間学	武田鏡村	ＰＨＰ

2　何度も読み返している安岡正篤本

書名	出版社	書名	出版社
知命と立命	プレジデント社	呻吟語を読む	致知出版社
運命を創る	プレジデント社	陰騭録を読む	致知出版社
運命を開く	プレジデント社		

※この5冊は本原さんとの読書会でも読んでいます

3　本原康彦さんとの読書会で読んだ本

書名	出版社	書名	出版社
人間学のすすめ	福村出版	十八史略（下）＊	黙出版
論語の活学＊	プレジデント社	孟子	黙出版
人物を創る＊	プレジデント社	人生の五計	黙出版
干支の活学＊	プレジデント社	王陽明	黙出版
人生の大則	プレジデント社	酔古堂剣掃	黙出版
禅と陽明学（上）	プレジデント社	指導者の条件	黙出版
禅と陽明学（下）	プレジデント社	易経講座＊	致知出版社
人物を修める	致知出版社	三国志と人間学＊	福村出版
先哲講座	致知出版社	老荘のこころ	福村出版
青年の大成	致知出版社	百朝集	福村出版
天地にかなう人間の生き方	致知出版社	偉大なる対話	福村出版
照心語録	致知出版社	東洋宰相学	福村出版
東洋人物学	致知出版社	政治を導く思想	DCS
易と人生哲学＊	致知出版社	人間をみがく「小学」を読む	DCS
経世瑣言＊	致知出版社	心に響く言葉	DCS
いかに生くべきか	致知出版社	現代の道標	DCS
王道の研究	致知出版社	人間の魅力　人物百話	DCS
日本精神通義	致知出版社	易とはなにか	DCS
日本精神の研究	致知出版社	養心養生をたのしむ	DCS
十八史略（上）＊	黙出版		

＊2度以上読んだものです

4　読書会終了後に読んだ安岡正篤本

書名	出版社	書名	出版社
人間の生き方	黎明書房	照心講座	致知出版社
人間を磨く	致知出版社	活眼活学	ＰＨＰ
活学講座	致知出版社	論語に学ぶ	ＰＨＰ
洗心講座	致知出版社		

注）出版社名や書名は私が購入したときのものです。
確認できる限りでは、プレジデント社からは新装版が刊行され、
黙出版の書籍は現在ＰＨＰ文庫になっています。

士ですが、業種が違い利害がぶつからないので、互いに素になって本音を言い合うことができたからです。

　本原さんからは、こんなことも教わりました。

「安岡先生は著書の中で、山田方谷《ほうこく》先生のことを褒めているのですが、岡山の人だと知ったので、高梁《たかはし》市にあるお墓まで行って、掃除をしてきました」

　山田方谷は幕末から明治にかけて岡山で活躍した儒学者で、備中松山藩の財政を立て直し、維新でも藩を滅亡から救った英傑です。私は岡山に来て二〇年以上たっていましたが、本原さんに教えられて、初めてその名を知りました。

　本原さんと読んだ最初の一冊は、『知命と立命』でした。私の琴線にふれたのが、「心を尽くし命《めい》を知れ」という一節です。

「自分というものはどういうものであるか、自分の中にどういう素質があり、能力があり、これを開拓すればどういう自分を作ることができるか」

　それを知ることが「命《めい》を知る」こと、そして「命《めい》を立つ」ことになる、というのです。それがわからなければ、指導者、知識人とはいえない、ということでした。「自分の命とは何か」を考えるようになりました。

このように人生の指針となる有意義な本なのに、最初に私も手に取ったときがそうでしたが、知らない固有名詞や学んだことのない史実が並んでいて、読むのに挫折する人が多いと聞いています。かなりの教養の持ち主でないと、大半は理解できないことでしょう。

しかし、「安岡人間学を本格的に学ぶぞ」と一念発起してからの私は、安岡さんのことに関しても、歴史や哲学などの教養も素人レベルなのに、なんとか読み通すことができたのです。

その方法を、主に『知命と立命』を例にして、説明していきたいと思います。

一か月で一冊を読みきる方法

「安岡正篤さんの本を読んで、人間学のことを本格的に勉強しよう」

私がそう思い立ったのは、数え年四二の厄年を過ぎてからのことです。四十代になると、若いときに比べて記憶力も集中力も落ちています。

いかに時間をかけずに本を読むか、いかに効率よく理解するか。

そのことを考えたときに、思い浮かんだのが受験勉強でした。暗記するにしても、問題を解くにしても、限られた勉強時間で最高のパフォーマンスを出すやり方をしていたからです。

どのような読み方をしているか。概略をお話ししましょう。

まず、まえがき・目次・解説の順で読みます。それから本文（中身）へと進むのですが、いきなり本文は読まずに、見出しにマーキングしていくのです。最後のページまで終わったら、この本を一回読んだことにします。

ここからが本番です。さあ、もう一回読むぞ……そんな気分で、いつまでに読みきる！　と具体的に目標を立てて、読み始めるのです。読書計画の工程表を作る、という言い方のほうがわかりやすいでしょうか。

そのときのコツは、わからない言葉が出てきてもあまり気にしないこと。キーワードに集中します。キーワードの解説部分には赤線を引き、重要だと思った文章にはマーキングすることで、それらをしっかり頭に入れていくのです。

キーワードを追う読み方をすると、読む分量は全体の三分の一くらいに減ります。それでいて、本に書いてあることの大筋をしっかりと把握できるのです。

では、私の読み方を、『知命と立命』を例に説明していきます。

読み方① 「まえがき・目次・解説」から読む

私も最初はそうでしたが、安岡正篤さんの本を一冊も読んだことがないと、タイトルだけ見てもどんな本か見当がつかないものです。

その本にどういうことが書いてあるのか。私の経験則では、まえがき、目次、解説の三か所を読めば、だいたいのことがわかるので、そこから目を通していきます。

まずは、まえがき。『知命と立命』では「人間学講和　知命と立命」について書いてあるので、それを一読します。

次に、ページをめくって目次へ移ります。目次には「人間学とは何か」「東洋哲学の精粋」「活機と殺機」といった言葉が見えてきます。

このときに、「精粋」「殺機」など私が知らない言葉が次々に出てくるのですが、そのことをあまり気にせずに、ざーっと目次を読んでいく。大事なのは、できるだけ早く「こういう傾向の本だな」という自分なりの全体像をつかむことです。

今度は「解説」へと移ります。この本の場合は、「編輯《へんしゅう》瑣話《さわ》」となっている箇所です。瑣話は、聞きなれない言葉ですが、ちょっとした話、小話という意味です。

なぜ「解説」を先に読むのかといいますと、中身の解説やエッセンスが書いてあることが多く、「解説」の数ページを読んだだけで、一冊二〇〇ページ以上ものボリュームの本をまるごと読んだ気になるからです。この、読んだ気になることが大切です。

私にとっては、受験用の問題集で先に答えを見て解き方をいったん頭に入れてから、問題を解くやり方に似ています。学校や塾では「答えを先に見るな」と教えられますが、本を読むことは試験ではないのですから、そういう教えに縛られず、先に「こういう本だな」と知って読む意欲を高めたいのです。

「編輯瑣話」には、「人間とは何か」という本の主題に関することのほかに、「この本は講演をまとめたものである」とも書いてあります。「講演集だから、書いたものよりはわかりやすい話が出てくるだろう」と自分に印象づけてしまい、読む意欲を高めるのです。

本を読むハードルをいかに低くするか。楽にスッスッと読むにはどうしたらいいか。それを第一に考えるのが、私の読み方です。

二人の息子がいま高校生ですが、試験勉強のアドバイスとして、「まずは答えを写しなさい」と教えています。たとえば、数学の解き方にはある法則、パターンがあることが多いので、それをマスターすれば「できた！」となる。要は解き方を覚えればいい。解き方の最たるものが解答だから、それを覚える。私の場合は、本を読むのもそれと一緒です。

まえがき、目次、解説をまずは読む

まえがきのページ

人間学講話

知命と立命

「命《めい》」というのは、絶対性、必然性を表し、数学的に言うならば、「必然にして十分」という意味を持っている。自然科学は、宇宙、大自然の「命」、即ち必然的、絶対的なるものを、物の立場から研究して科学的法則を把握した。

人間も、人生そのものが一つの「命」である。それは絶対的な働きであるけれども、その中には複雑きわまりない因果関係がある。その因果関係を探って法則をつかみ、それを操縦することによって、人間は自主性を高め、クリエイティブになり得る。つまり自分で自分の「命」を生み運んでゆくことができるようになる。

我々が宿命的存在、つまり動物的、機械的存在から脱して、自分で自分の運命を創造できるか否かは、その人の学問修養次第である。

最初の一歩は
ここから

目次で全体の構成、ポイントがわかる

目次のページ

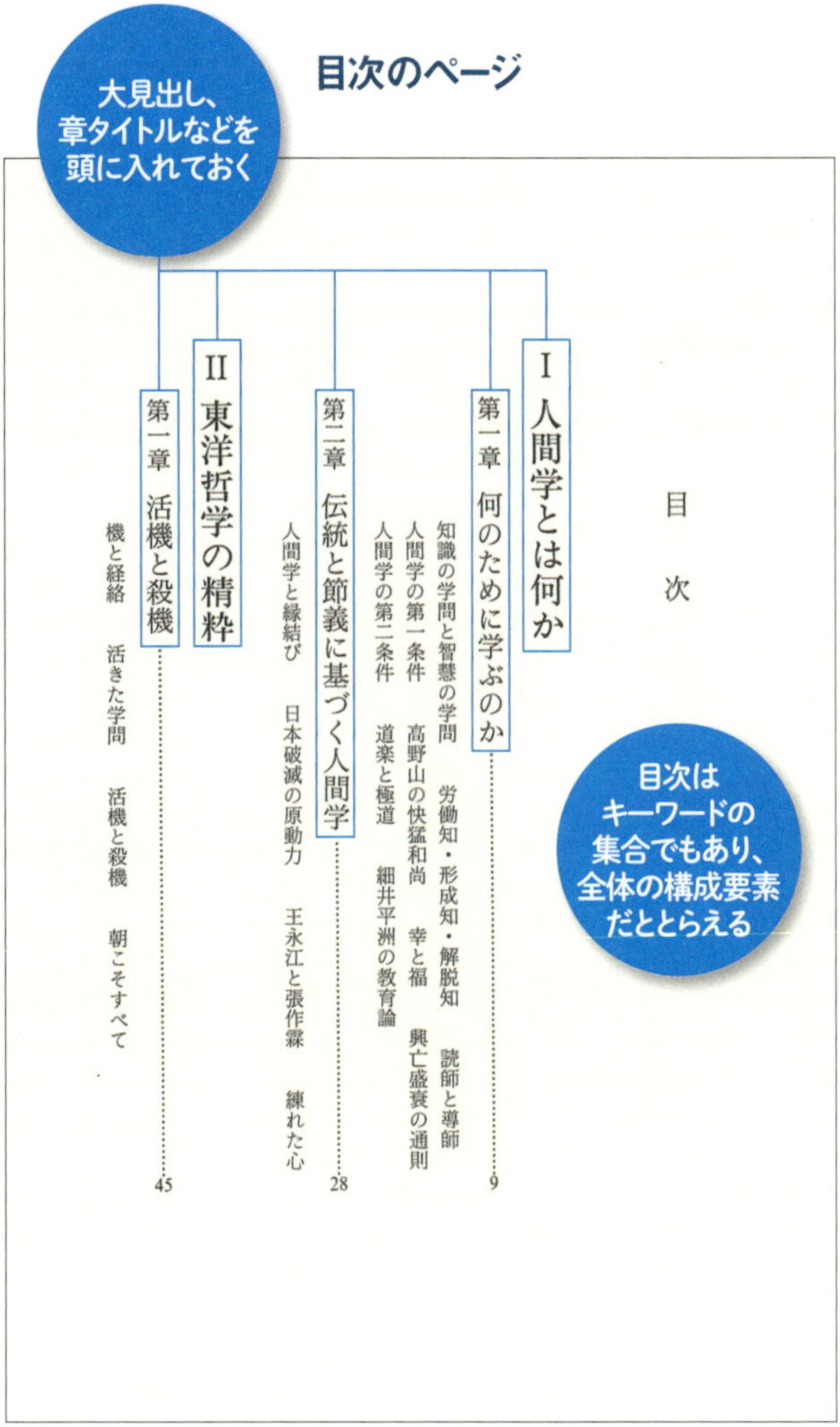

大見出し、
章タイトルなどを
頭に入れておく
目次は
キーワードの
集合でもあり、
全体の構成要素
だととらえる

目次

解説で本のアウトライン・概要がわかる

解説のページ

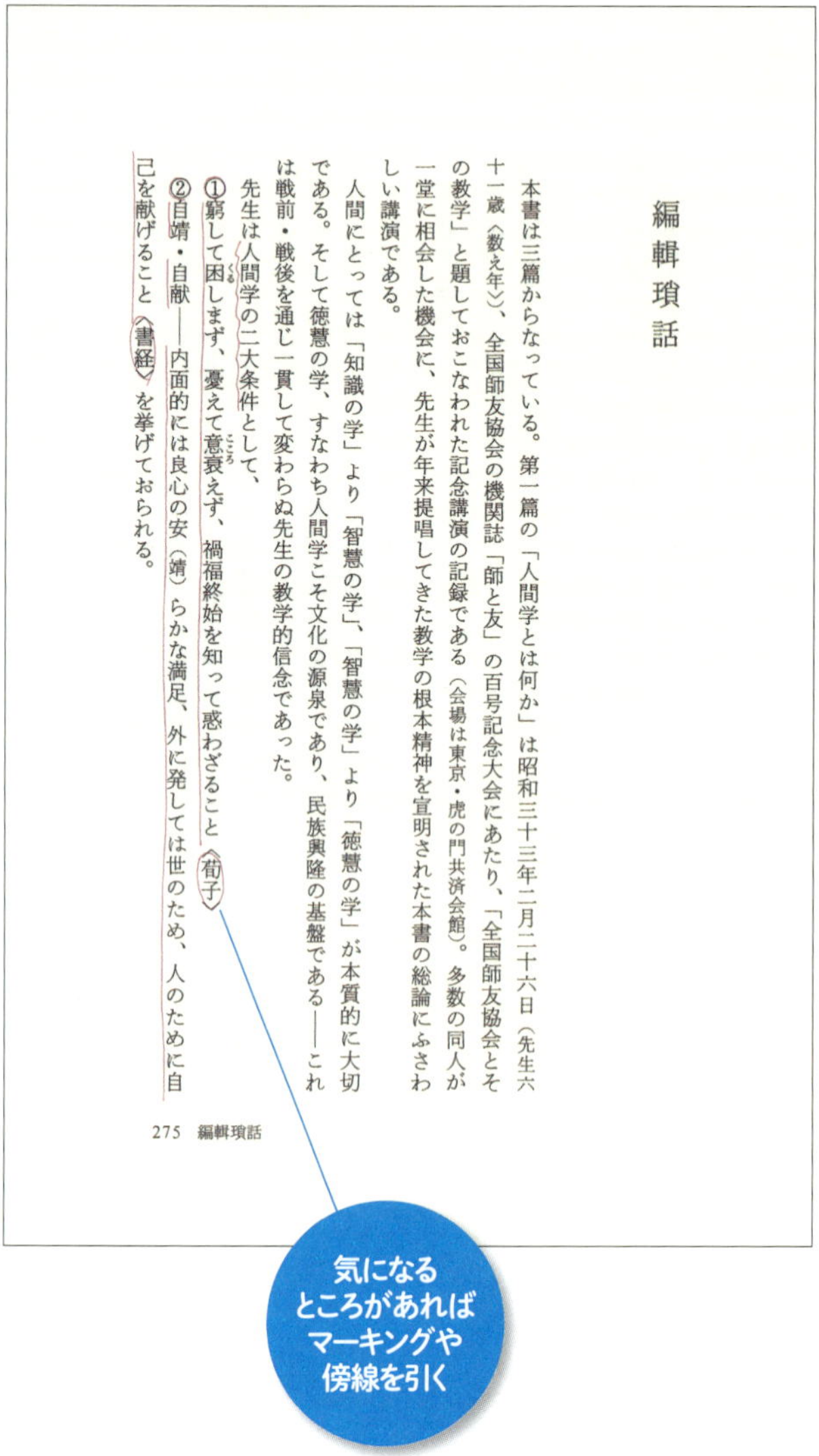

編輯瑣話

本書は三篇からなっている。第一篇の「人間学とは何か」は昭和三十三年二月二十六日（先生六十一歳〈数え年〉）、全国師友協会の機関誌「師と友」の百号記念大会にあたり、「全国師友協会とその教学」と題しておこなわれた記念講演の記録である（会場は東京・虎の門共済会館）。多数の同人が一堂に相会した機会に、先生が年来提唱してきた教学の根本精神を宣明された本書の総論にふさわしい講演である。

人間にとっては「知識の学」より「智慧の学」、「智慧の学」より「徳慧の学」が本質的に大切である。そして徳慧の学、すなわち人間学こそ文化の源泉であり、民族興隆の基盤である――これは戦前・戦後を通じ一貫して変わらぬ先生の教学的信念であった。

先生は人間学の二大条件として、

①窮して困《くる》しまず、憂えて意《こころ》衰えず、禍福終始を知って惑わざること〈荀子〉

②自靖・自献――内面的には良心の安（靖）らかな満足、外に発しては世のため、人のために自己を献げること〈書経〉を挙げておられる。

275　編輯瑣話

気になるところがあればマーキングや傍線を引く

解説のページ

第一次大戦後、日本人は唯物的、功利的、デカタン生活をほしいままにし、思想的には懐疑的、破壊的、虚無的風潮に染まった。満洲事変以後は軍部や外地、内地の有志の間に、功名富貴、手に唾《つばき》して取るべしという野心が蔓延し、これが大いに国を誤った。革新運動自体も歴史的、伝統的な人間学を喪失して、近代の非人間的イデオロギーと、それにカモフラージュされた野心に毒され、遂に敗戦という大破滅をもたらした。今日の危局に対処するには各自が mature mind 練れた心を養い、大いに人間学を興し、人材を輩出せねばならない——と先生は力説しておられる。今日、北朝鮮や中国、ソ連に対する一部の政治家の露骨な功名心に駆られる姿を見るにつけても、古今一軌、まことに寒心に堪えないことである。

東洋哲学の精粋

第二篇「東洋哲学の精粋」は昭和三十六年七月（先生六十四歳）、第三回全国青年研修会において「東洋哲学講座」と題し、四回にわたり行なわれた講義の記録である（会場は東京・大塚仲町の中央開拓会館）。

第三篇「達人の人生哲学」は昭和四十年七月、日光の田母沢会館で開催された第七回全国青年研修会における講録である。第二、第三篇はいずれも関西師友協会の機関誌「関西師友」に五年間にわたり連載されたものである。

第一回の青年研修会が中央開拓会館で開催されたのは昭和三十四年七月二十四日（三泊四日間）

276

ここまで読んだら、1回読んだとカウントする

読み方②　本の小口を章や項目ごとに塗り分ける

まえがきと目次と解説を読んだあとは、全体のボリュームの把握、各章（各節）などの分量をチェックします。

第一章はこれぐらい。第三章のほうが多いなあ……などと見当をつけていくのですが、各章（各節）の分量がひと目でわかるように、本の小口《こぐち》にマーキングしていきます（一四二ページ写真参照）。

本によって構成が違うのでいちがいにはいえませんが、とにかく上位の項目から分けていきます。大項目をまず項目別に位置をスライドさせながらマーキングします。次にマーカーの色を替えて、先ほどより下部に位置をずらして、その下位の項目をマーキングしていきます。

『知命と立命』では「I　人間学とは何か」に該当するページをマーキング、次に位置をずらし「II　東洋哲学の精粋」に該当するページを同じ色でマーキングします。その次に、別な色に替えて、「I　人間学とは何か」の「第一章　何のために学ぶのか」と「第二章　伝統と節義に基づく人間学」に該当するページを、位置をずらしてマーキングしていきます。以降も同じやり方です。

これで「ボリュームが多いのはどのあたりなのか」がひと目でわかるようになります。人というのは、伝えたいことが多ければ、たくさん書いたり話をするものです。そういう前提で本の小口を見て、「分厚い所にはきっと重要なことがたくさん書いてあるのだろう」などと見当をつけていくのです。

適切なたとえではないかもしれませんが、私は理系の人間なので、数学の教科書に関数、ベクトル、確率・統計などの分野が出ていたとして、一番ボリュームが多いのはどこかをまず見ます。確率・統計はボリュームが少なく、関数のボリュームが多いなら、「関数は学ぶことが多いから、がんばって勉強しないといけない」と取り組む目標を明確にするのです。

本の章や項目ごとに塗り分ける

大項目を
塗り分ける
安岡正篤
色を替えて
小項目を
塗り分ける

このマーキング作業を終えたら、1回読んだとカウントする

読み方③ 見出しをマーキングする

だいたいの分量がわかったところで、いよいよ本文に目を通します。といっても、まだ本文は読みません。

本文にも本の目次と同じタイトルがあるので、まずはそこをマーキングします。『知命と立命』でいえば、まず「Ⅰ　人間学とは何か」、それから「第一章　何のために学ぶのか」、「第二章　伝統と節義に基づく人間学」など大見出しの文字をマーキングします。

その次に、章の次のレベルである節（小見出し）を順番にマーキングしていきます。最初の小見出しは「知識の学問と智慧の学問」。これにマーキングする。

続いて、「労働知・形成知・解脱知」、「読師と導師」、「人間学の第一条件」と小見出しが出ています。それらをマーキングするたびに、自分に「はいはい、その言葉が大切なんですね」と言い聞かせて、頭に入れていく。別な言い方をすれば、マーキングをすることで、「ここで何が言いたいのかな」ということが、おぼろげながら見えてきます。

見出しをマーキングする

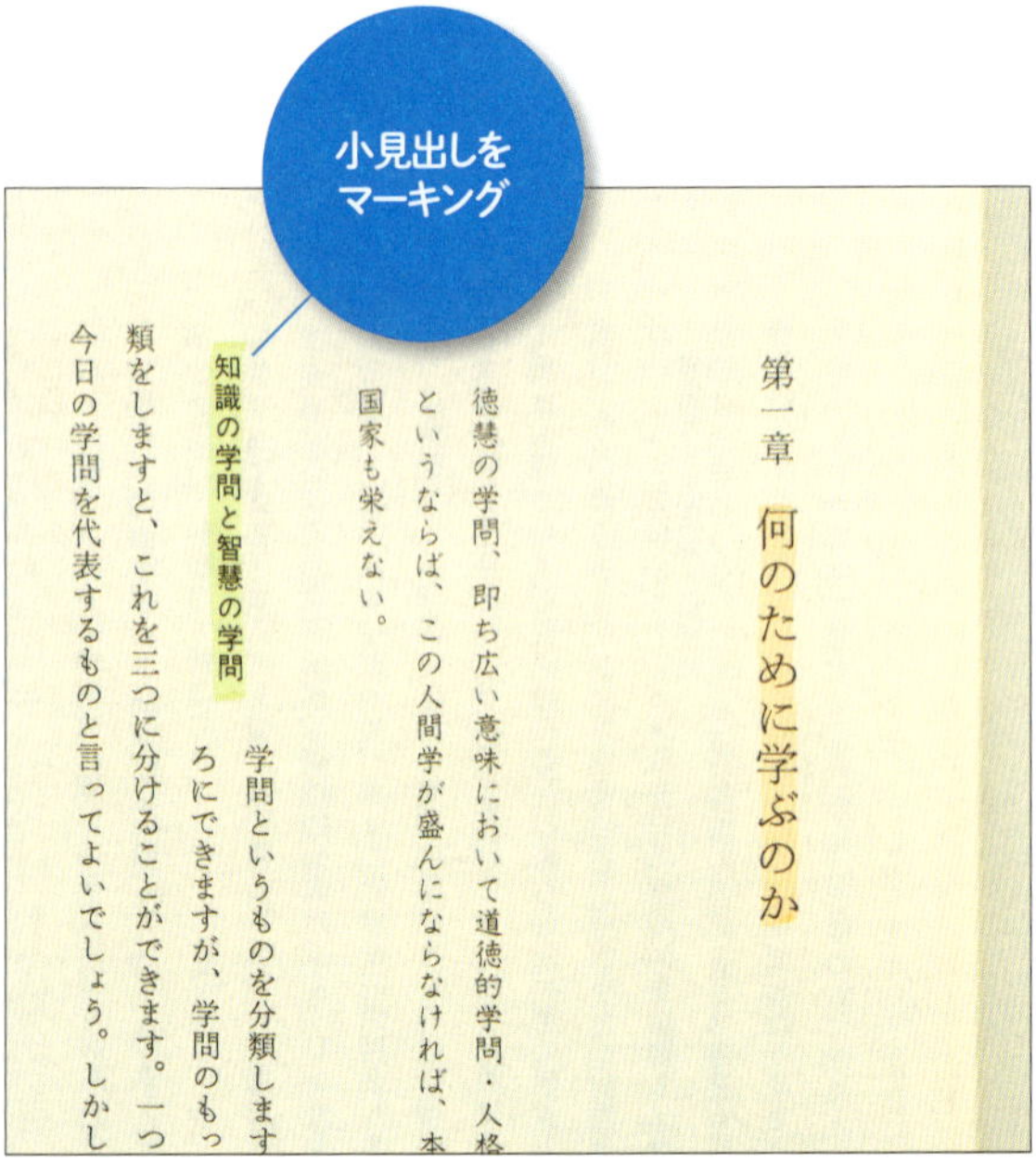

第一章　何のために学ぶのか

徳慧の学問、即ち広い意味において道徳的学問・人格
というならば、この人間学が盛んにならなければ、本
国家も栄えない。

知識の学問と智慧の学問

学問というものを分類します
ろにできますが、学問のもっ
類をしますと、これを三つに分けることができます。一つ
今日の学問を代表するものと言ってよいでしょう。しかし

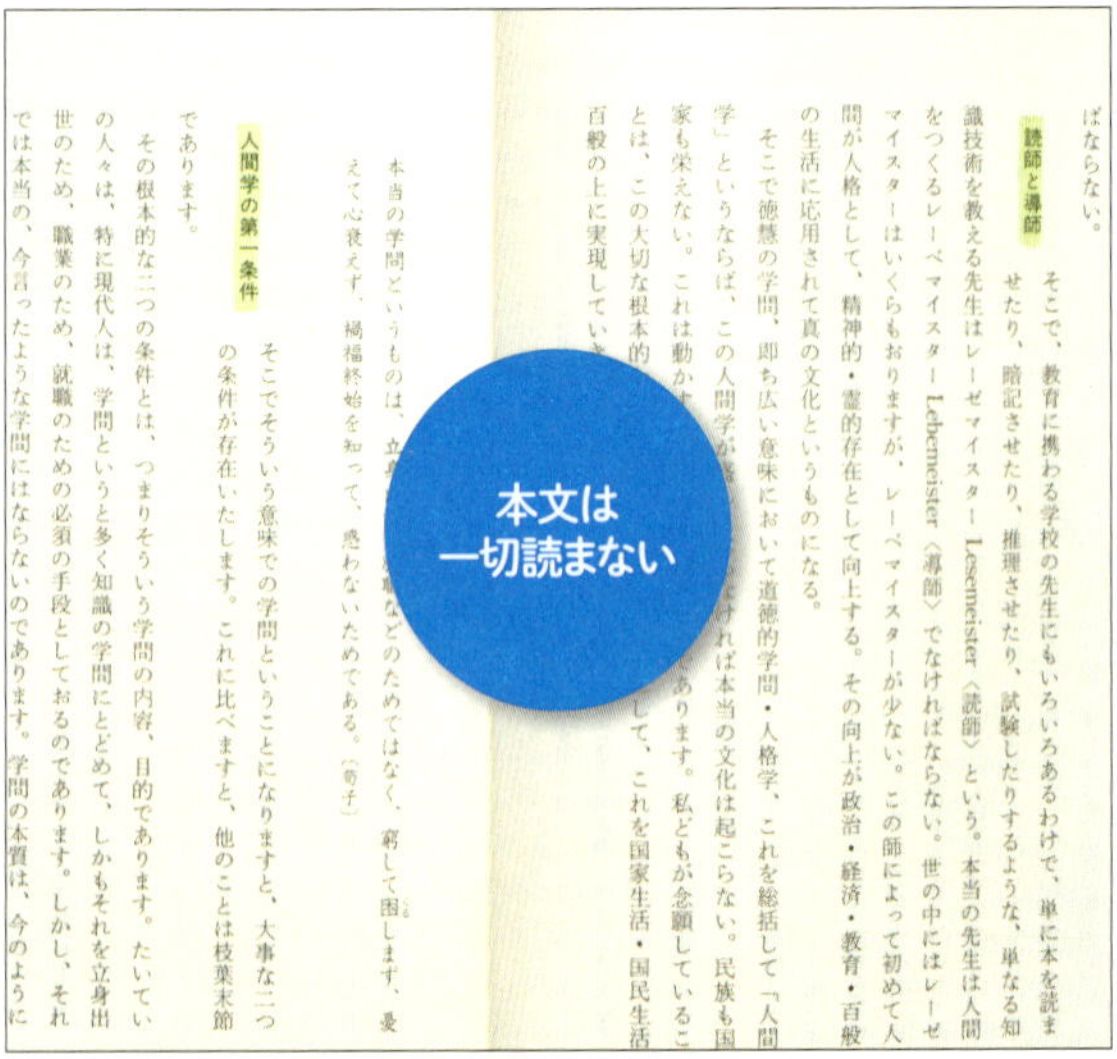

ばならない。

読師と導師

そこで、教育に携わる学校の先生にもいろいろあるわけで、単に本を読ませたり、暗記させたり、推理させたり、試験したりするような、単なる知識技術を教える先生はレーゼマイスター Lesemeister〈読師〉という。本当の先生は人間をつくるレーベマイスター Lebemeister〈導師〉でなければならない。世の中にはレーゼマイスターはいくらもおりますが、レーベマイスターが少ない。この師によって初めて人間が人格として、精神的・霊的存在として向上する。その向上が政治・経済・教育・百般の生活に応用されて真の文化というものになる。

そこで徳慧の学問、即ち広い意味において道徳的学問・人格学、これを総括して「人間学」というならば、この人間学が盛　なければ本当の文化は起こらない。民族も国家も栄えない。これは動かす　あります。私どもが念願していることは、この大切な根本的　して、これを国家生活・国民生活百般の上に実現してい

本当の学問というものは、立身　達などのためではなく、窮して困《くる》しまず、憂えて心衰えず、禍福終始を知って、惑わないためである。（荀子）

人間学の第一条件

そこでそういう意味での学問ということになりますと、大事な二つの条件が存在いたします。これに比べますと、他のことは枝葉末節であります。

その根本的な二つの条件とは、つまりそういう学問の内容、目的であります。たいていの人々は、特に現代人は、学問というと多く知識の学問にとどめて、しかもそれを立身出世のため、職業のため、就職のための必須の手段としておるのであります。しかし、それでは本当の、今言ったような学問にはならないのであります。学問の本質は、今のように

読み方①〜③までを1時間でやってしまう。ここまで3回読んだとカウントする。

「何のために学ぶのか」に色を塗ったら、そこで、「ここでは『何のために学ぶのか』について書いてあるんだな」と印象づけるのです。受験勉強で、単語や人名を覚えていく感覚に近いかもしれません。未知なる知識、情報に触れる喜びといったらいいでしょうか。

なぜ、小見出しだけ先に読むのか？　それは「小見出しの言葉がキーワードだ」と思っているからです。大事な言葉＝小見出しに、まずマーキングすることで、「あ、なるほど、この節にはこんなことが書いてあるのかな」と、本文を読まなくても、だいたいのことが推測できます。

なれないうちは推測するのが難しいかもしれませんが、繰り返しやっていくうちに「ここではこういうことが言いたいんだ」と、なんとなくわかってきます。

小見出しにマーカーを引いていくときに、本文は一切読みません。たとえば、「知識の学問と知慧の学問」の小見出しに続く文章は、パスします。それで本の最後までひと通りマーキングしたら、最初の日はオーケーです。

ここで大事なのは、まえがき、目次から読み始めて、小見出しのマーキングまで一気にやってしまうこと。一時間もかかりません。

私は何でも自分のいいように受け止めるタイプなので、「はじめに・目次・解説」で一回読んだ、本の小口のマーキングで一回読んだ、大見出しと小見出しのマーキングで一回読んだ、つまり一時間足らずで、「三回も読んだ」ことになるわけです。

全体を眺めただけでしょう、と言われるかもしれませんが、私にとっては三回も読んだ本には親しみが湧くし、「好きな本だから全部読もう」という意欲へとつながっていくのです。

山に登るときに、「こういうルートで登ろう」と一回シミュレーションすることで、「登ったぞ」という達成感が得られるそうですが、いってみれば、私の読書法も同じことです。

読み方④ 読むスケジュールを立てる

次にする作業が、一冊読みきるスケジュールを立てることです。

必要があって読むのですから、本に書いてある知識や情報を効率よく吸収したい。そのために、「この分量で、この時間配分にすれば一冊読みきれる」という計画を最初に立ててしまいます。

読み進む単位は、「章や節（小見出し）の区切り」ごと、と決めています。章や節の途中で読むのをやめてしまうと、情報のインプットが不十分なので、読書した効果が中途半端になってしまいます。次の章までまたがって読むと、違うジャンルや内容の話が入り交じって記憶が曖昧になりかねません。どちらも非効率です。

読み方②で小口を色分けしましたが、あれは読み進むスケジュールの目安の役割も果たしているのです。小口に塗った章のマークが一五なら、「一日一章、一つのマーク分を読めば一五日で終わる」という見当がつきます。

では、実際にどう読むのか？『知命と立命』を例に、お話ししましょう。

最初が「I　人間学とは何か」の第一章「何のために学ぶのか」です。

1日1章ずつ読む

それに相当するのは、九ページから二七ページまでなので（※新装版も同様）、「そんなに多い量じゃないな」と見当をつけて読んでみると、第一章は三〇分もかけずに読むことができた。『知命と立命』は全部で一六章ありますから、一六日で読みきるぞ、と計画を立ててしまうのです。忙しい人でも、工夫次第で一日三〇分程度の時間ならとることができるでしょう。かなり現実性のある計画です。

そういう考え方なので、二〜三時間かけて何章分も読み進むことはしません。

読み方⑤キーワードを手がかりに読む

キーワードが常識レベルの場合

いよいよ本を読み始めます。

しかし、頭から一字一句を丁寧に追う読み方はしません。

小見出しと同じ言葉を文中から見つけ出し、チェック、色のボールペンで傍線を引きます。ほかにも見出しの言葉に関連して、気になる言葉があれば傍線を引きます。こうして一節分のチェックが終わったら、見出しのところまで戻ります。

ここからが本番。キーワードを手がかりに「二度読み」するのです。

チェックした言葉をたどりながら、「この言葉はどういうことなのか」と、「定義」を見つけていきます。「定義」つまり、その言葉の説明や解説がある文章を見つけたら、「ああ、このことか」と傍線を引きながら、その意味を頭に入れていくのです。

そのときに、知的な背伸びをする必要はありません。わからない言葉が続いても動揺しないで、気づきや発見が一つでもあったらラッキー、という感じでやっていきます。

『知命と立命』を例に、最初はわかりやすいキーワードの話からしましょう。

「幸と福」の節（小見出し）のところです（一八ページ～　＊新装版一八ページ～）。

「幸福」は誰でも知っている言葉ですが、なぜ「幸」と「福」とに分けているのだろうかと疑問を持って読み進みます。

「古人は『幸福』ということを厳しく論じております」という話を受けて、まず「幸」とは何か、の説明が出てきます（左ページ写真参照）。

「我々は幸と福を一緒に使っておりますが、同じ好事でも我々の苦心努力によらずして、偶然他から与えられたものを『幸』という」

「幸」の定義が解説してある箇所に傍線を引きながら、「幸」とは偶然のこと、ラッキーという意味なんだ、「はい、わかりました」と確認する意味で、「幸」に丸印をつけます。

では、「福」とは何なのか、と思いながら読んでいくと、

「原因を内に有する――自分の苦心努力から作り出した好事は『福』という」

と出てきます。

キーワード「福」の定義の解説に傍線を引きながら、「福」とは自分の苦心努力から作り出すものだと理解したので、「福」に丸印をつけます。

これまでは「幸福」を一つの意味で覚えていたのに、「幸」と「福」では意味が違うのだ、向こうからやってくるのが「幸」、たゆまず努力をして手に入れたのが「福」なんだ、という新しい知識が身につきました。

ちなみに、安岡さんのことを勉強して歯科医院経営を立て直した私の変化を、コンサルタン

キーワードの定義に傍線を引く

「幸と福」の項目

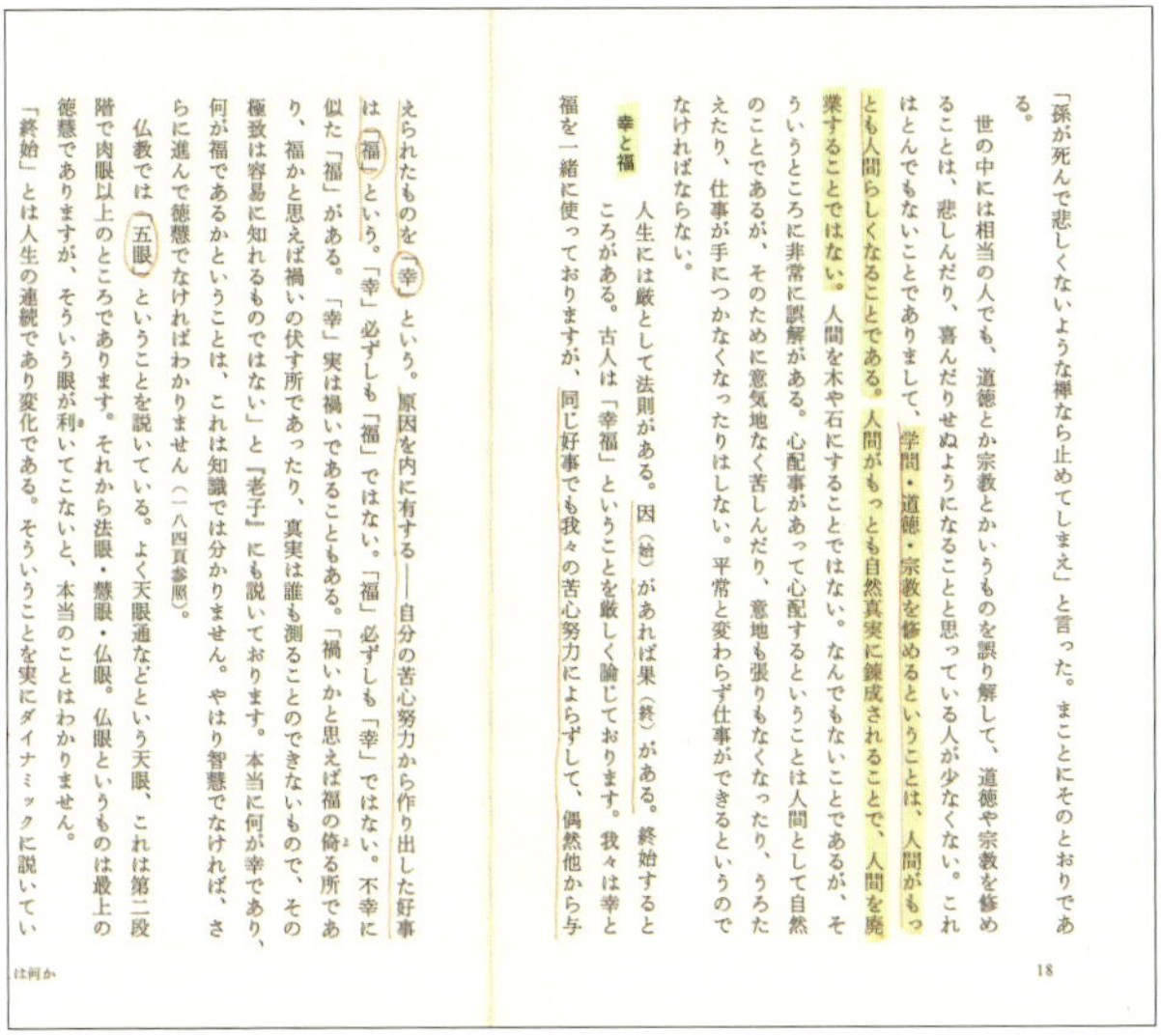

「孫が死んで悲しくないような禅なら止めてしまえ」と言った。まことにそのとおりである。

世の中には相当の人でも、道徳とか宗教とかいうものを誤り解して、道徳や宗教を修めることは、悲しんだり、喜んだりせぬようになることと思っている人が少なくない。これはとんでもないことでありまして、学問・道徳・宗教を修めるということは、人間がもっとも人間らしくなることである。人間がもっとも自然真実に錬成されることで、人間を廃業することではない。人間を木や石にすることではない。なんでもないことであるが、そういうところに非常に誤解がある。心配事があって心配するということは人間として自然のことであるが、そのために意気地なく苦しんだり、意地も張りもなくなったり、うろたえたり、仕事が手につかなくなったりはしない。平常と変わらず仕事ができるというのでなければならない。

幸と福

人生には厳として法則がある。因（始）があれば果（終）がある。終始するところがある。古人は「幸福」ということを厳しく論じております。我々は幸と福を一緒に使っておりますが、同じ好事でも我々の苦心努力によらずして、偶然他から与

18

えられたものを「幸」という。原因を内に有する――自分の苦心努力から作り出した好事は「福」という。「幸」必ずしも「福」ではない。「福」必ずしも「幸」ではない。不幸に似た「福」がある。「幸」実は禍いであることもある。「禍いかと思えば福の倚《よ》る所であり、福かと思えば禍いの伏す所であったり、真実は誰も測ることのできないもので、その極致は容易に知れるものではない」と『老子』にも説いております。本当に何が幸であり、何が福であるかということは、これは知識では分かりません。やはり智慧でなければ、さらに進んで徳慧でなければわかりません（一八四頁参照）。

仏教では「五眼」ということを説いている。よく天眼通などという天眼、これは第二段階で肉眼以上のところであります。それから法眼・慧眼・仏眼。仏眼というものは最上の徳慧でありますが、そういう眼が利いてこないと、本当のことはわかりません。

「終始」とは人生の連続であり変化である。そういうことを実にダイナミックに説いてい

は何か

トの齋藤さんがこう評してくださいました。「以前の小林さんの成功は『幸』、必死に医院も家庭も再生して手にした今度の成功が『福』ですね」と。

身につけた「幸」と「福」の知識を、歯科医院のスタッフを育成するときに使えるなあなどと、私なりに思いをめぐらしたものです。

さて、「幸」と「福」の話は、次のように結ばれています。

「本当に何が幸であり、何が福であるかということは、これは知識では分かりません。（中略）徳慧《とくえ》でなければわかりません」

では、徳慧《とくえ》とはどんな智慧のことをいうのか。次で触れます。

読み方⑥

キーワードを手がかりに読む
キーワードが常識をちょっと超えるレベルの場合

　次は、自分の常識を少し超えるレベルのキーワードが出てきたときの読み方です。『知命と立命』の「知識の学問と智慧《ちえ》の学問」の節（九ページ　＊新装版九ページ）を見ていきましょう。

　キーワードの二つの言葉、「知識の学」と「智慧の学」の解説から話が始まります。「知識の学問と智慧の学問では非常に違うのでありまして」と書いてあります。「知識の学問」と「智慧の学問」は違うということですが、何が違うのか、まず「知識の学問」についての解説が出てきます。

「知識の学問は、我々の理解力・記憶力・判断力・推理力等、つまり悟性の働きによって誰にも一通りできるものです。子供でもできる、大人でもできる（中略）機械的な能力です」

「知識の学問」の定義は、傍線を引くまでもなくわかっていることばかりだなと思っていたら、「機械的な能力」という言葉に引っかかったので、ここに傍線を引きました。歯学部のドクターを取得した私の専門知識・学習能力は、こういっては顰蹙《ひんしゅく》を買うかもしれませんが、世間並み以上のレベルです。それが、子どもでもできる機械的な能力にすぎないというのですか、とい

キーワードの定義に傍線を引く

「知識の学問と智慧の学問」の節

学問にはもっと根本的性質の区別があります。それは「智慧の学」というべきものです。知識の学問と智慧の学問では非常に違うのでありまして、知識の学問は、我々の理解力・記憶力・判断力・推理力等、つまり悟性の働きによって誰にも一通りできるものです。子供でもできる、大人でもできる、善人もできる、悪人もできる。程度の差こそあれ、誰でもできる。その意味では、機械的な能力です。しかしそういうものではなく、もっと経験を積み、思索反省を重ねて、我々の性命や、人間としての体験の中からにじみ出てくるもっと直観的な人格的な学問を智慧の学問といいます。だから知識の学問より智慧の学問になるほど、生活的・精神的・人格的になってくるのであります。

それを深めると、普通では容易に得られない徳に根差した、徳の表れである徳慧（「とくけい」あるいは「とくえ」と発音）という学問になる。これが聖賢の学であります。

労働知・形成知・解脱知

我々の知能の働きに関しては、こういう東洋的思惟に限らず、西洋でも同じような考え方がありまして、たとえばイギリス

10

学問にはもっと根本的性質の区別があります。それは「智慧の学」というべきものです。知識の学問と智慧の学問では非常に違うのでありまして、知識の学問は、我々の理解力・記憶力・判断力・推理力等、つまり悟性の働きによって誰にも一通りできるものです。子供でもできる、大人でもできる、善人もできる、悪人もできる。程度の差こそあれ、誰でもできる。その意味では、機械的な能力です。しかしそういうものではなく、もっと経験を積み、思索反省を重ねて、我々の性命や、人間としての体験の中からにじみ出てくるもっと直観的な人格的な学問を智慧の学問といいます。だから知識の学問より智慧の学問になるほど、生活的・精神的・人格的になってくるのであります。

それを深めると、普通では容易に得られない徳に根差した、徳の表れである徳慧（「とくけい」あるいは「とくえ」と発音）という学問になる。これが聖賢の学であります。

労働知・形成知・解脱知

我々の知能の働きに関しては、こういう東洋的思惟に限らず、西洋でも同じような考え方がありまして、たとえばイギリス

10

【参考】平成二七年の傍線の引き方

理解が深まり傍線を引く場所が増えた

う驚きが、ここに傍線を引かせたのです。

では「智慧の学問」とはどういうことをいうのかと思い、読み進みます。

「経験を積み、思索反省を重ねて、我々の性命や、人間としての体験の中からにじみ出てくるもっと直観的な人格的な学問である」

「智慧の学問」の定義は、「知識の学問」と違ってやや難しい。性命や体験の中からにじみ出てくる直観的な人格的な学問ということだが、いったいどんなことをいうのだろう、と疑問に思いながら、直観的な人格的な学問に傍線を引きました。

ともかく、キーワードに関連する説明でわかったことは、「知識の学問」は機械的な能力のことで、「智慧の学問」は直観的な人格的な学問のこと。自分が勉強してき

たことは「知識の学問」なのだ、と気づかされたので、二つの言葉をボールペンで囲みました。

　私が学校で学んできたこととは違う、これまで見たことも、聞いたこともない学問の名前と定義があるのだなと思いながら、さらに読んでいきます。

「智慧の学問」を深めると、「徳慧（「とくけい」あるいは「とくえ」と発音）という学問になる。これが聖賢《せいけん》の学であります」と締めくくられています。

「知識の学問」と「智慧の学問」だけでなく、さらに「徳慧（聖賢）の学問」があるのだ、とわかりました。このことが、節の冒頭の一文「学問というものを分類しますと、（中略）三つに分けることができます」の答え、定義になっていたことも、理解できました。

　さらに読み進むと、「徳慧の学問」についての説明が出てきます（一二一ページ　＊新装版一二一ページ）。

「徳慧の学問、即ち広い意味において道徳的学問・人格学、これを総括して『人間学』というならば、（中略）本当の文化は起こらない」

　ここまで読んで初めて、耳学問で知っていた「人間学」という言葉がでてきました。「徳慧の学問」をすることが、「人間学」を学ぶということなんだ。「人間学」を勉強しなさいと言われていたけど、安岡さんはそれをこう定義しているのだと、納得がいったような気がしたのです。ここは特別にマーキングしました。

読み方⑦　キーワードを手がかりに読む

キーワードが常識を超えるレベルの場合

次も『知命と立命』を例に、常識レベルでは知らないキーワードを読んでみましょう。「人間学の第一条件」（一三ページ）と「人間学の第二条件」（一一三ページ　＊新装版一一三ページ）の節です。さきほど出てきた「人間学」について、踏み込んだ内容が展開されています。

まずは「人間学の第一条件」。「『人間の本質的完成のため』でなければならない」と定義されているので、ここに傍線を引きます。では、「人間の本質的完成とはなんだろう?」と思いながら読んでいくと、次の説明が出てきました。

『荀子《じゅんし》』の「窮《きゅう》して困《くる》しまず、憂えて意《こころ》衰えず、禍福《かふく》終始を知って惑わざるがためなり」。

『荀子』に関しては、学生時代に「性悪説」を唱えた中国の思想家と習っただけです。初めて目にした『荀子』の言葉が、私の心を鷲づかみにしました。

「禍福終始を知って惑わざるがためなり」とは、いいことも不運なことも体験し、人生の複雑な問題に直面しても、惑わないこと。そうなるためには、人は勉強をするのだ、というのです。

この本を読んだときは四十代半ば、それまでのやり方に行き詰まり、惑って（迷って）ばか

大事な言葉をマーキングする

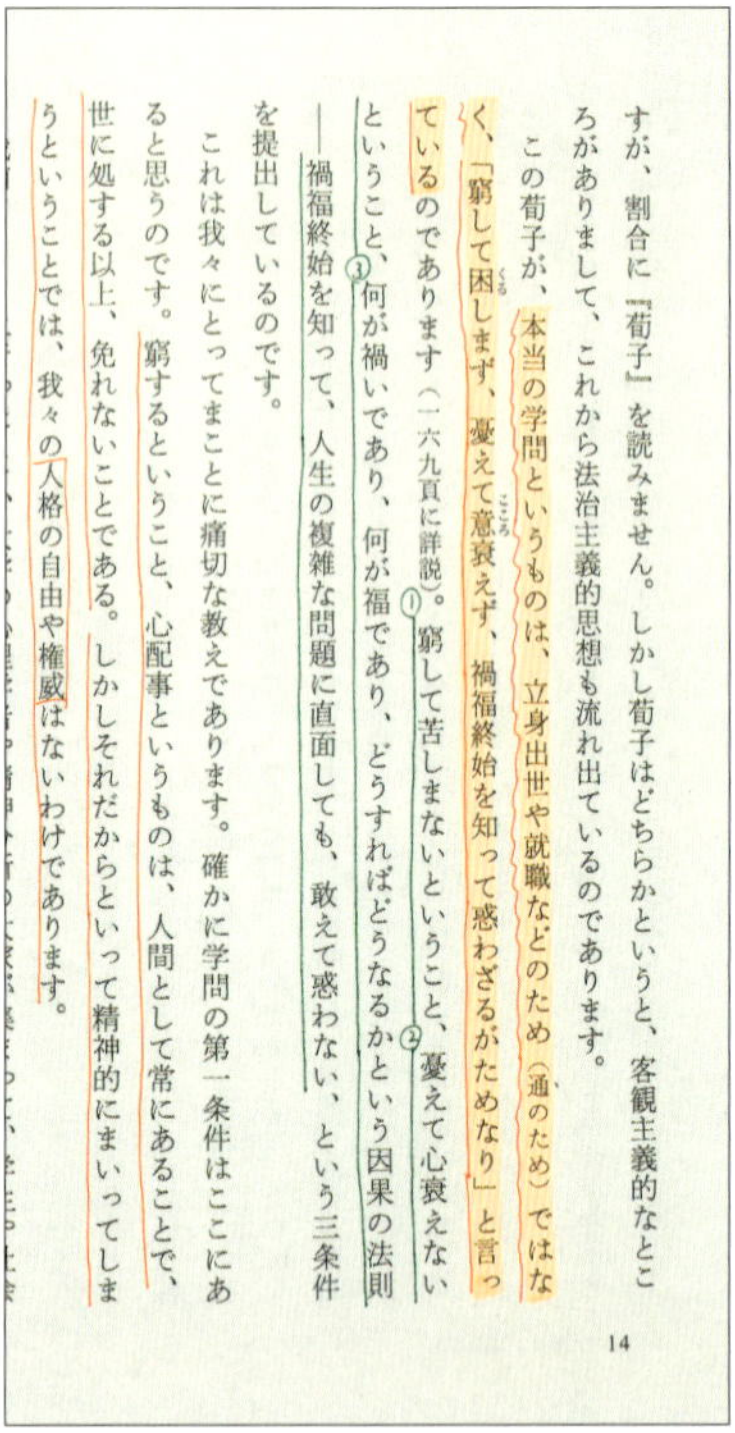
すが、割合に『荀子』を読みません。しかし荀子はどちらかというと、客観主義的なところがありまして、これから法治主義的思想も流れ出ているのであります。
この荀子が、本当の学問というものは、立身出世や就職などのため（通のため）ではなく、「窮して困《くる》しまず、憂えて意《こころ》衰えず、禍福終始を知って惑わざるがためなり」と言っているのであります（一六九頁に詳説）。①窮して苦しまないということ、②憂えて心衰えないということ、③何が禍いであり、何が福であり、どうすればどうなるかという因果の法則――禍福終始を知って、人生の複雑な問題に直面しても、敢えて惑わない、という三条件を提出しているのです。
これは我々にとってまことに痛切な教えであります。確かに学問の第一条件はここにあると思うのです。窮するということ、心配事というものは、人間として常にあることで、世に処する以上、免れないことである。しかしそれだからといって精神的にまいってしまうということでは、我々の人格の自由や権威はないわけであります。
14

りいました。私の心が見透かされているようでした。そして、窮地にある私のことを助けてくれる本なのではないのか、とも思ったのです。この一節には傍線を引いたうえにマーキングをして、すぐ覚えました。

話は、こう続いています。

「窮するということ、心配事というものは、人間として常にあることで、世に処する以上、免れないことである。しかしそれだからといって精神的にまいってしまうということでは、我々の人格の自由や権威はないわけであります」

「いろいろの不安困惑を感じても、それを抑え、それを処理し、平然として変わらずに仕事ができるかどうか」

この一文も心に残りました。「そうだ。動揺したときにいかに処理したらいいのか、これ絶対大事だな」と思いながら、傍線を引きました。

「人間学の第一条件」の締めくくりに、安岡さんはまた同じ『荀子』の言葉を引いています。

「窮して困しまず、憂えて意《こころ》衰えず」

安岡さんが私のために念押ししてくれているのではないか、そう思いました。というのも、これまでの人生で、誰ひとりとして、私の心中に迫る問いかけをしてくれた人はいなかったからです。私の気持ちをどうして知っているの？　すごいなあ、この人！　と思ったのです。

私の場合、『知命と立命』の冒頭で大きな気づきがあったことが、難解とされる本を読み進む原動力となりました。

次は「人間学の第二条件」（二三ページ〜　＊新装版二三ページ〜）の話です。

その定義に「精神・学問を修めることによって、『自ら靖んじ、自ら献ずる』ということ」と書いてあります。同じように傍線を引いて、頭に入れていきます。

「自ら靖んじ」とは、「内面的には良心の安らかな満足」を得ることだ、という解説に納得して、傍線を引いていきます。「自ら献ずる」とは、「世のため、人のために自己を献ずるということ」だという解説にも同様に、傍線を引いていきます。

「自ら靖んじ」「自ら献ずる」は、『書経《しょきょう》』にある言葉で、「自靖自献《じせいじけん》」として知られています。世のため人のために尽くすこと、「自靖自献」が「人間学の第二条件」だと理解できました。

安岡さんは、こういう言い方もしています。

「我々は何のために学ぶのか（中略）といえば、第一に自己の自主性・自立性を錬磨すること、自由を確立することであり、進んでは、それによって発達する自己を通じて、何らか世のため人のために尽くさんがためである」

そうだ、世のため人のために尽くす人間になろうと、気持ちを奮い立たせ、この一文にマーキングしました。

読み方の小ワザ1
マーカーと色ボールペンを使いこなす

本を読むときにはメモを一切とりません。そのかわり、本を見開いたときに大事なところがパッとわかりやすく、視覚的に覚えることができるように、色使いで工夫をしています。

本を読むときには、10色のラインマーカーと色ボールペンを用意します。

ラインマーカーとカラフルボールペンは、次のように使い分けます。

ラインマーカーは章のタイトルや見出しなどを塗るとき。また、覚えておきたい文章を塗るとき。それから、本の小口を項目別に塗り分けるとき。

カラフルボールペンはキーワードに関連する文章や言葉に傍線を引いたり、丸印で囲むとき。

色使いは私なりのルールがあり、本によってルールを変えることがありますが、一冊のなかでは色使いのルールは変えません。

どの本にも印象に残った言葉や文章に傍線が引いてあるので、ここにあの言葉があったはずだ、と思ってパラパラとページをめくっていくと、一目瞭然、すぐに探しだせるのです。

読み方⑧ キーワードを手がかりに読むメリット

キーワードを手がかりに読む方法を、具体的に紹介してきました。

『知命と立命』は講演集をまとめた本なので、話が脇道にそれることもありますが、基本的には筋道立てて話が進んでいくので、テーマや大事な言葉のあとに説明や具体的な例が出てくることが多いのです。キーワードを追っていけば、その先に答えが示されていることがほとんどなのです。

安岡本を読むのは、人間学を学び、それを人生に役立てていくためです。教えを正しく理解することは大事ですが、安岡人間学の専門家を目指すわけではありません。

仕事を持ちながら、限られた時間のなかで、いかに効率よく勉強するか。

そのことも考慮して、私が実践しているのが「全部を読む必要はない、キーワードだけ読めばいい」という方法です。キーワードとそれに関する言葉だけを残すと、読む分量は全体の三分の一くらいになるでしょう。あるキーワードに関することを徹底的に覚えたいなら、短時間のうちに四回も五回も読むことで、理解が進みます。

もちろん、読み方は人それぞれです。なかには、わからない言葉が出てくると、そこで止まってしまう方もいるでしょう。ちなみに、読書会の仲間である本原康彦さんは、わからない言葉が出てくると、原典や関連本を徹底して調べて納得してから、読み進むやり方です。それで安岡さんの本を、五〇冊以上読破しています。

本原さんといえば、最近になって読書会のことを振り返る機会があり、私の読み方をこう分析してくださいました。

「行動工学に『スモールステップの原理』というのがあるのですが、その方法に似ていて、最初に目標、ゴールをはっきり設定し、一章読むごとに読んだよという達成感を味わいながら、小さな成功体験を積み上げていっている。とても理にかなったやり方です」

ちなみに、スモールステップの原理とは、難しい内容を学習させる場合には、いきなり難しい内容に入らず、学習内容を小さな単位に分割し、やさしい内容から出発して少しずつ小刻みに難しくしていくやり方、ということです。

「一般の本の読み方や勉強法にも応用できますよ。私の教え子たちにも役立ちます。ぜひ参考にさせてください」

本原さんから私は、難しい本の読み方のお墨付きをいただいたのです。

読み方の小ワザ2

本の隅を折って、目印にする

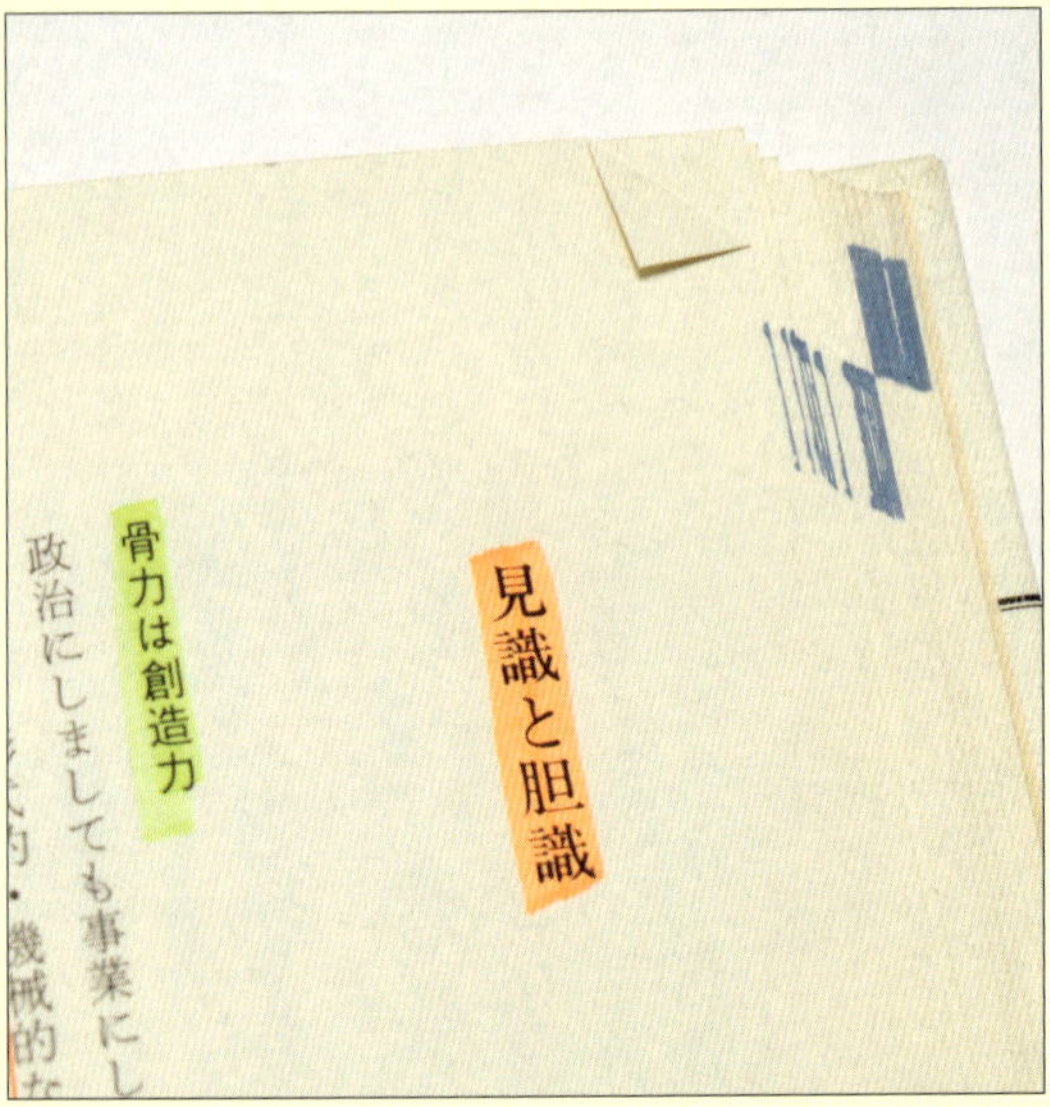

先にお話ししたように本を読むときにはメモを一切とりませんが、そのかわり「心に響く」「面白い」と思った言葉が出てきたときには、マーキングと傍線を引くことに加えて、ページの隅を折っておくのです。

また、「どういうことなんだ？」と強く疑問が残ったページも、隅を折っておくのです。

あとから読み直すときに、ポイントとなるところがすぐにわかるように、目印をつけておくわけです。

本の隅を折るときが、もう一つあります。参照ページの関係箇所です。

関連する言葉の参照が出てきても、目の前の内容に集中して覚えたいので、参照ページをめくりません。あとでそのページにたどり着いたときに読むようにしています。ただ、両者の関係がわかるように、目印として本の隅を折っておきます。

読み方⑨ 「好きな言葉」をインプットしていく

安岡さんの本を何冊か読むと気づくことですが、同じ内容や言葉が一冊の本のなかにも、違う本にも出てきます。講演集などをまとめた構成になっているためでしょう。

それはともかく、同じ内容や言葉が出てくるたびに、心に響く言葉や共感する言葉を意識するようになりました。「そう思います」「この言葉、またいただき」などと語りかけながら、「自分の好きな言葉」を頭に刻み込んでいったのです。

自分の好きな言葉は、五〇くらいあります。日ごろから役立てている言葉、心に照らし合わせている言葉、人生の転機となった言葉が、主だったところです。

なかでも私が最も好きな言葉で、行動の指針としてよく使っている言葉をご紹介しましょう。「胆識《たんしき》」。

「胆識」を初めて知ったのは、最初に読んだ『運命を創る』でした。「知識」、「見識」という言葉とともに、安岡さんの本によく出てきます。

どういう意味なのか。『干支《かんし》の活学』にある「胆識」の解説（一八四ページ～　＊新装版一八五ページ〜）がわかりやすいので、まずそれを紹介します。ちなみに書名の干支とは、「えと」のことです。

「（前略）単なる大脳皮質の作用にすぎぬ薄っぺらな識は『知識』と言って、これは本を読むだけでも、学校へのらりくらり行っておるだけでも、できる。しかしこの人生、人間生活とはどういうものであるか、あるいはどういうふうに生くべきであるか、というような思慮・分別・判断というようなものは、単なる知識では出てこない。そういう識を『見識』という」

本を読むことや、学校で学ぶことで身につけることができる「識」が「知識」で、思慮・分別・判断などが「見識」。両者の違いがざっくりとですが、わかりました。

しかし、「見識」だけでは、ことをなすのに十分ではない、と安岡さんは力説するのです。続きを読んでいきましょう。

「いかに見識があっても、実行力・断行力がなければなんにもならない。その見識を具体化させる識のことを『胆識』と申します」

思慮・分別・判断を具体化させるための識、実行力、断行力を伴ったものが「胆識」ということです。「見識」も、「胆識」も身につけるのは容易なことでない、と安岡さんは次のように念押ししています。

「見識というものは、本当の学問、先哲・先賢の学問をしないと、出てこない。さらにそれを実際生活の場において練らなければ、胆識になりません」

ここまで読んで、ハードルは高いかもしれないけど、私が目指す姿がここにある、と直観しました。

学んだことを、実際の生活のなかで活かす。いつまでも迷い続けているわけにはいかない、そうだ「胆識」の人になろう、と。

根拠のない自信が私にはあって、「胆識」の人になれる素質がある、と即座に思い込み、この言葉に強く引き付けられたのかもしれません。

では、私を奮い立たせ、いちばん活用してきた言葉「胆識」と最初に出合った『運命を創る』の文章を見ていきましょう（一〇六ページ　＊新装版一〇六ページ）。

「人間は、いろんな経験から知識ができてくる。（中略）本当は、全人格的な人間そのものを打ち出すことにならなければいけない。これを『識見』とか『見識』というのであります。（中略）いくら知識があっても見識のない人がありますね」

この「知識」「見識」の解説に続いて、安岡さんが「胆識」について語った言葉が、私の心に響きました

「これが実際問題にぶつかって、いろいろな矛盾や抵抗に鍛えられ、きびきびした実行力になりますと、『胆識』であります」

矛盾や抵抗があるところで結果を出していく。この文章を読んだとき、これから歯科医院の

好きな言葉にマーキングする

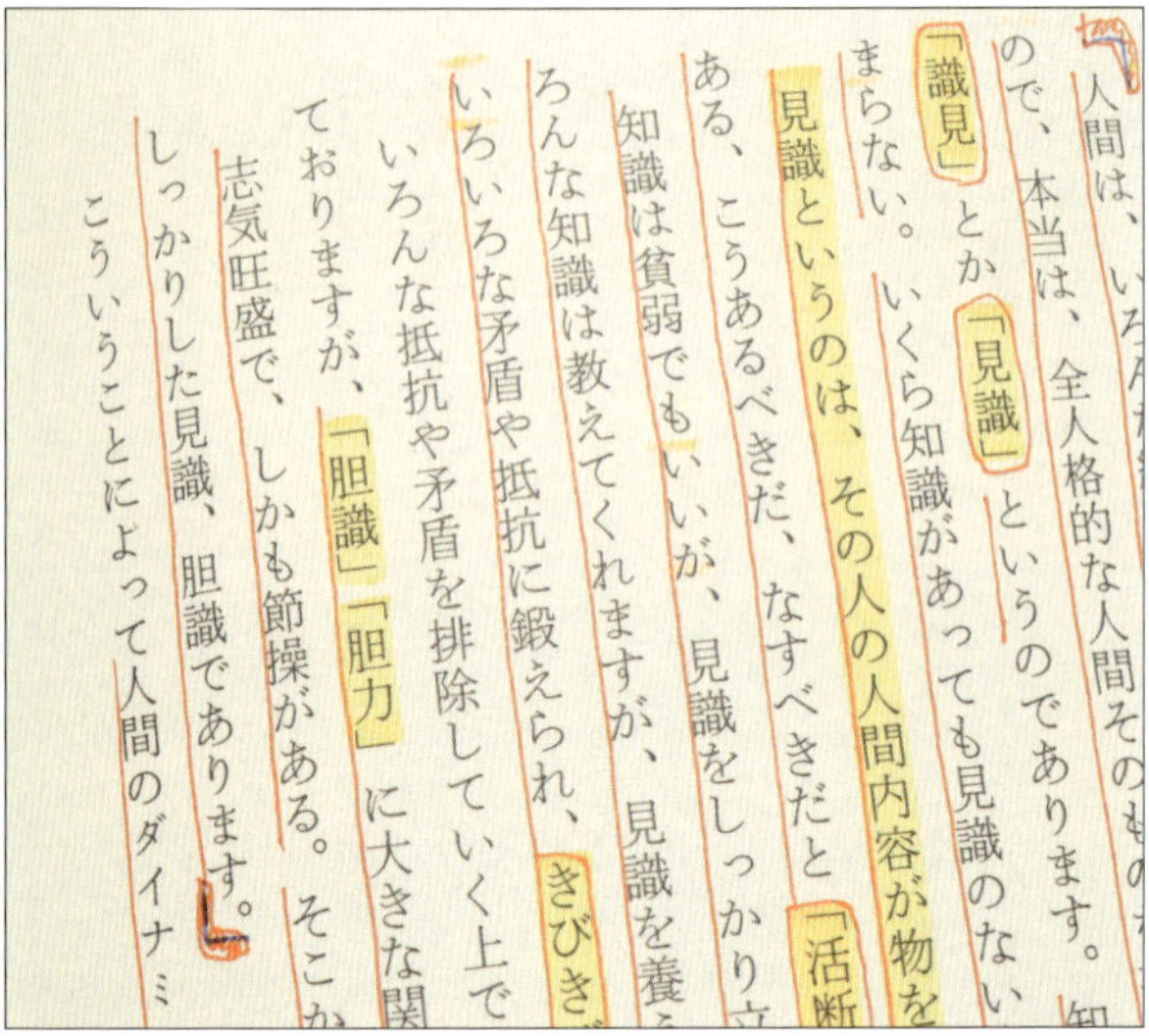
人間は、いろ
ので、本当は、全人格的な人間そのもの
「識見」とか「見識」というのであります。知
まらない。いくら知識があっても見識のない、
見識というのは、その人の人間内容が物を
ある、こうあるべきだ、なすべきだと「活断
知識は貧弱でもいいが、見識をしっかり立
ろんな知識は教えてくれますが、見識を養
いろいろな矛盾や抵抗に鍛えられ、きびき
いろんな抵抗や矛盾を排除していく上で
ておりますが、「胆識」「胆力」に大きな関
志気旺盛で、しかも節操がある。そこか
しっかりした見識、胆識であります。
こういうことによって人間のダイナミ

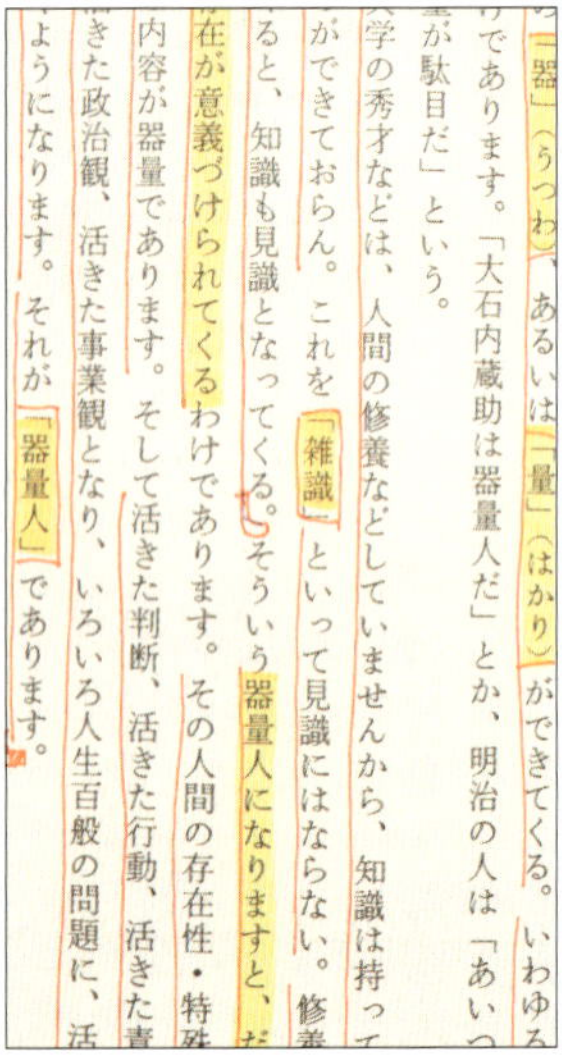
「器」（うつわ）、あるいは「量」（はかり）ができてくる。いわゆる
量が駄目だ」とか、明治の人は「あいつ
けであります。「大石内蔵助は器量人だ」とか、明治の人は「あいつ
量が駄目だ」という。
学の秀才などは、人間の修養などしていませんから、知識は持って
ができておらん。これを「雑識」といって見識にはならない。修養
ると、知識も見識となってくる。そういう器量人になりますと、だ
在が意義づけられてくるわけであります。その人間の存在性・特殊
内容が器量であります。そして活きた判断、活きた行動、活きた責
きた政治観、活きた事業観となり、いろいろ人生百般の問題に、活
ようになります。それが「器量人」であります。

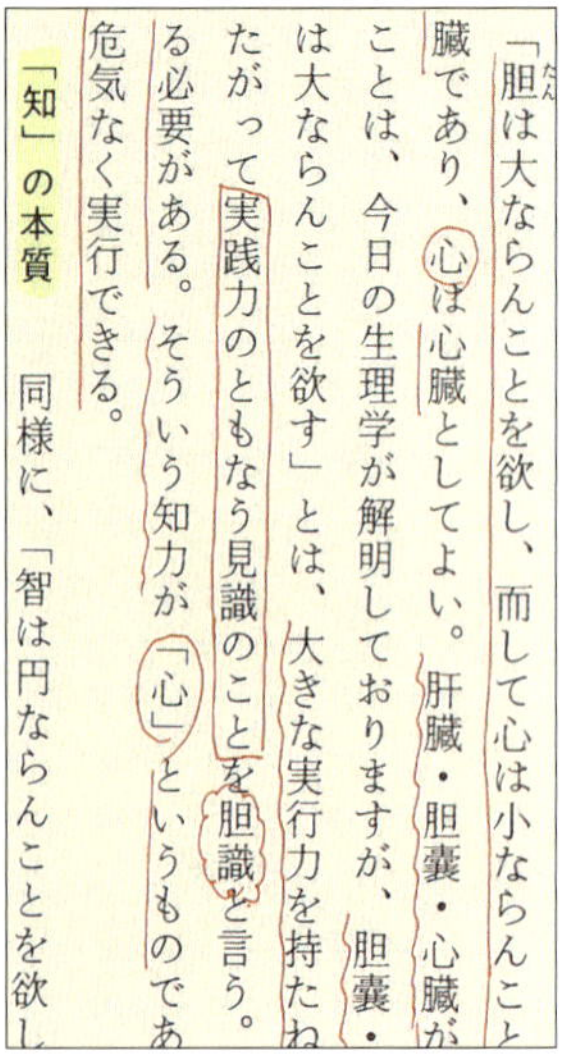
「胆《たん》は大ならんことを欲し、而して心は小ならんこと
臓であり、心は心臓としてよい。肝臓・胆嚢・心臓が
ことは、今日の生理学が解明しておりますが、胆嚢・
は大ならんことを欲す」とは、大きな実行力を持たね
たがって実践力のともなう見識のことを胆識と言う。
る必要がある。そういう知力が「心」というものであ
危気なく実行できる。

「知」の本質

同様に、「智は円ならんことを欲し

経営を立て直そうとする、私の決意と重なりました。

こうして、「胆識」が私の行動指針の一つとなったのです。

『知命と立命』で安岡さんが述べている、次の「胆識」の解説も、私の心を後押ししてくれました（二三五ページ　＊新装版二三五ページ）。

「外物の誘惑や脅迫に対し毅然として動かず、所信を断行する、そういう実行力と正義、不義に対する抵抗力、すなわち胆をもっておるところの見識を『胆識』という」

言葉一つひとつが、私の中にある倫理観や価値観に熱く語りかけてくるようでした。

ほかにも、『人生の大則』（八九ページ〜）などに「胆識」が出ています。どれほど共感しながら読んだことか、大事な言葉にマーキングをし、キーワードや関連する文章に引いた傍線の跡が、それを物語っています。

次の言葉も「胆識」と同様に、最重要ランクに位置づけています。

「徳性」
「縁尋機妙《えんじんきみょう》、多逢聖因《たほうしょういん》」
「思考の三原則」
「知命と立命」

どれも、自分が生きてきた過程でよく使ってきた言葉です。行動指針にしたり、心の支えにすることで、人生の結果を出してきました。

第一章のエピソードには、これら以外の言葉も登場しています。ほかの方の例も交じっていますが、私には格別の思いがある言葉ばかりです。

なお、「思考の三原則」をどう人生に役立てているかは、第四章で詳しくお話しします。

座右の書、五冊

私の心に響く大事な言葉も、時がたつにつれて入れ替わっていきます。

ある経験をすることで、価値観が覆される言葉もあれば、言葉の意味を自分なりにとらえなおすこともあります。前に読んだときには意味がよくわからなかった言葉が話題に出て、気づきを得ることもあります。そんなときに、安岡さんの本に立ち返るのです。

いまも折にふれてひもとく、私の大切な座右の書、五冊を紹介しましょう。

『運命を創る』（プレジデント社）

安岡人間学の根本にあるものの考え方を、私はこの本で初めて知ったのです。

「人間の本質的要素は『徳』であり、知識・技術などは付属的要素にすぎない」という指摘は、それまでの私の価値観が完全に否定されて衝撃を受けました。

「思考の三原則」「見識と胆識」といった言葉は、この本で最初に出合いました。物事を正しく見通すための考え方の基本と、ただ考えるだけではだめで、実行することが大切であることを教えられました。大好きな言葉がたくさんあって、私にとっては何度読んでも飽きることがない本です。

『知命と立命』（プレジデント社）

冒頭に「人間学の第一条件」と「第二条件」があり、「何のために人間学を学ぶのか」について、安岡さんがお話しされています。

人間学を学ぶ第一の目的は、「苦しいとき、つらいときにも、それに惑わされない人間性をつくること」。ちょうど私が、仕事や家庭がうまくいかず、苦しく惑っている時期に手に取り、人間学こそ迷う自分を支えてくれるものだと感じました。

またこの本は、安岡人間学の中心的なテーマである、「命《めい》」についての説明があり、「知命＝命を知ること」と「立命＝命を立てること」が説かれています。

自分が何者であるかを知り、そのために生きる自分の使命を持つこと。それが、以後の人生における、私の生き方のベースとなりました。繰り返して目を通したときにも、そのたびに新しい気づきを与えてくれる本です。

『運命を開く』（プレジデント社）

この本を読んで最初に強く印象に残ったのが、「国家興亡の四過程」の一節です。経営をしていると、事業にも上り坂のときと、ピークのとき、そしてそこから下り坂になって、やがて消えていくときがあることが、実感として感じられます。この本を手にしたのは、経営が曲がり角にきていて、組織の興亡には原理原則があるということを知り、「ここまでは勢いだけでできたけれども、今後はどうしていけばいいのか、何をめざして進むのか」と考えさせられました。自分がこれからどう医院を経営していけばいいのかについて、大きな示唆を得た本です。経営者の集まりで人間学について話すときには、必ずお薦めしています。

また最近の教育が、専門教育に偏って人格の育成を疎かにしていることを批判した「大成を妨げるもの――〝専門化〟の陥し穴」の話は（一三〇ページ～　＊新装版一三四ページ～）、まるで私のことを言われているような気持ちになりました。

『呻吟語《しんぎんご》を読む』（致知出版社）

『呻吟語』とは、明の儒学者、呂新吾《ろしんご》によって著された中国の古典です。

この本に出てくる「聡明才弁《そうめいさいべん》は是れ第三等の資質（頭がよかったり弁舌さわやかだったりということは、人として、せいぜい三番目に大切なことにすぎない）」という言葉に、私は強い衝撃を受けたのです。

この本の解説で、安岡さんが「呻吟というのは、良心の呻《うめ》きである」「それは人生創造への一つのつぶやきである」と評していたという文章も、忘れがたいです。

人のあるべき姿について陥りがちな過ちを排し、リーダーとしていかに生きるべきかを教えてくれる本です。

『立命の書「陰騭録《いんしつろく》」を読む』（致知出版社）

『陰騭録』は「運命というものは確かに存在するけれども、人は志を持って学問することで、自らの運命を変えることができるのだ」という一貫したテーマで書かれています。

『知命と立命』でも触れられていた、運命と宿命の違いについて、より深く論じられており、自分の力で与えられた運命を変え、人生を切り拓いていきたいという思いを、いつまでも持ち続けなければいけない。一度は切り拓いても、たゆまず努力しないと、その先は迷い道になってしまう。慢心かなと思ったときに、この本を読んで、自分の心をリセットするのです。

積ん読にしておかない、まずは読んでみよう

私がいる院長室は、壁二面にわたって本棚がかなりのスペースを占めています。本格的な書斎兼会議室といった趣があります。

安岡正篤さんの本だけとっても、一般には入手できない郷学研修所で買い求めた本などが収納してあって、安岡本コレクターをもって自任しています。ちなみに、郷学研修所とは、埼玉県比企郡にある郷学研修所・安岡正篤記念館のことで、安岡さんの著書や関連図書が多数置いてあるのです。読書会仲間の本原康彦さんも、ここを訪れたときに安岡さんの本をいっぱい買い込んだそうです。

安岡本のほかにも主な中国の古典は取り揃えてありますし、人間学に関する本や教養書などがずらりと並んでいます。

院長室にいらした方に、こう聞かれることがあります。

「私たちがふだん読むことのない難しい本がたくさんありますが、どのくらい読まれているんですか?」

先にご紹介した読み方で、本棚にある本の大半は読んでいます。なかでもスイスイと頭に入っ

てくるのは、中国古典の『孫子《そんし》』や『韓非子《かんぴし》』など内容がロジカルに構成されている本です。「自分に人間学の勉強なんてできるのかな」と自信がない方も、まずは安岡さんの一冊を手に取ってみてはいかがでしょうか?

読み始めるのに遅すぎる、ということはありません。何歳からでも勉強はスタートできるのです。

第四章

安岡正篤の教えの活かし方

アウトプット1

「教えをまとめる」

読んだ内容をマインドマップで整理する

安岡さんの本の内容は、読んだだけではなかなか身につきません。私は、気に入った言葉を書き出したり、人に話したり、さらに日常生活や仕事で実践することを心がけています。教えを実践に活かすこと、つまり安岡さんの言う「活学《かつがく》」が大事だと考えているからです。

本章では、私のアウトプットのやり方について説明していきます。

これから紹介するのは、年齢とともに記憶力の衰えてきた私が、安岡人間学という未知の知識をどうすればしっかりと頭に入れられるか、自分なりに考えて始めたことで、マインドマップの本を参考にした自己流です。

私は「本の内容は、目次に要約されている」と考えているので、目次の言葉を「マインドマッ

『知名と立命』のマインドマップ

平成17年作成

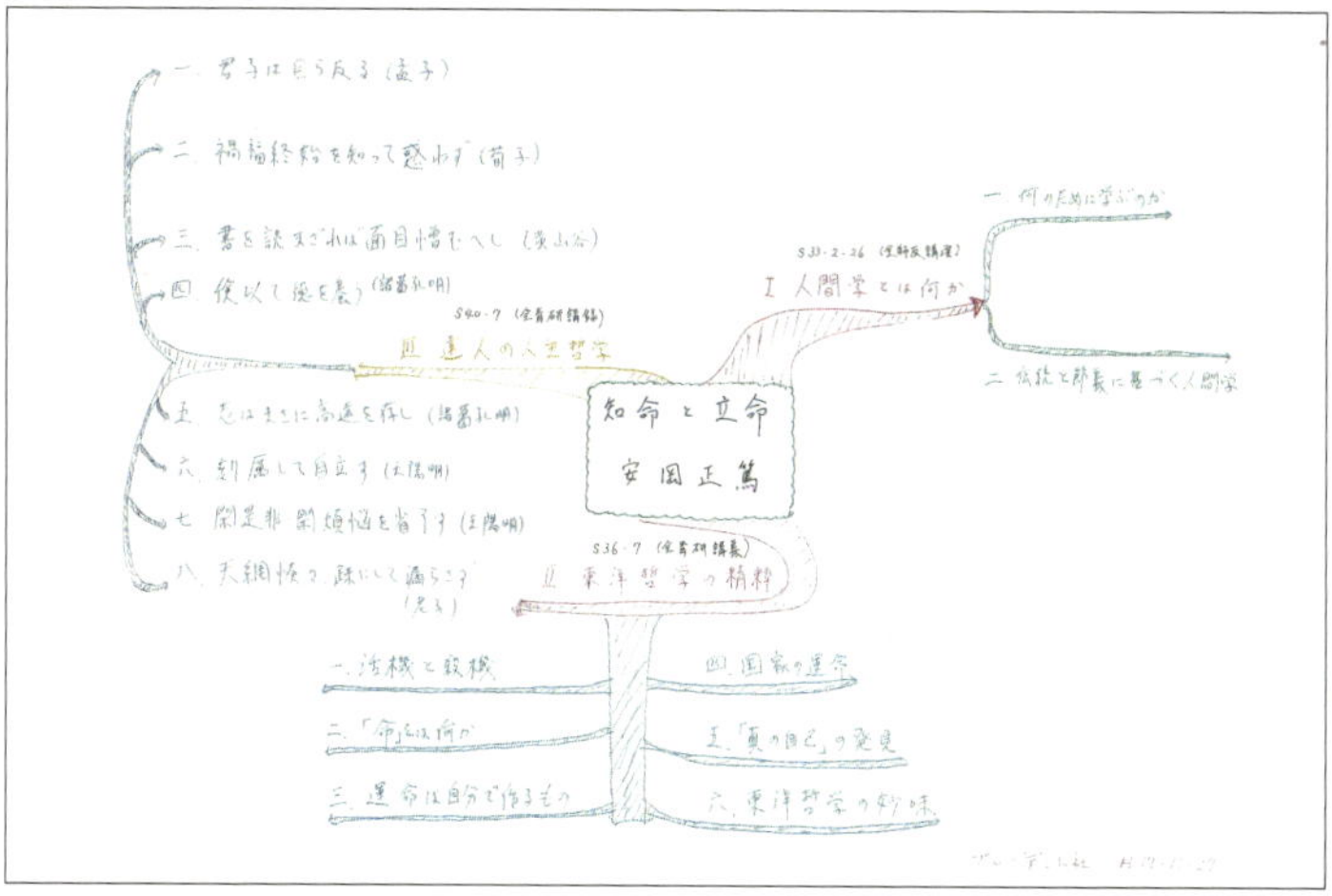

平成27年作成

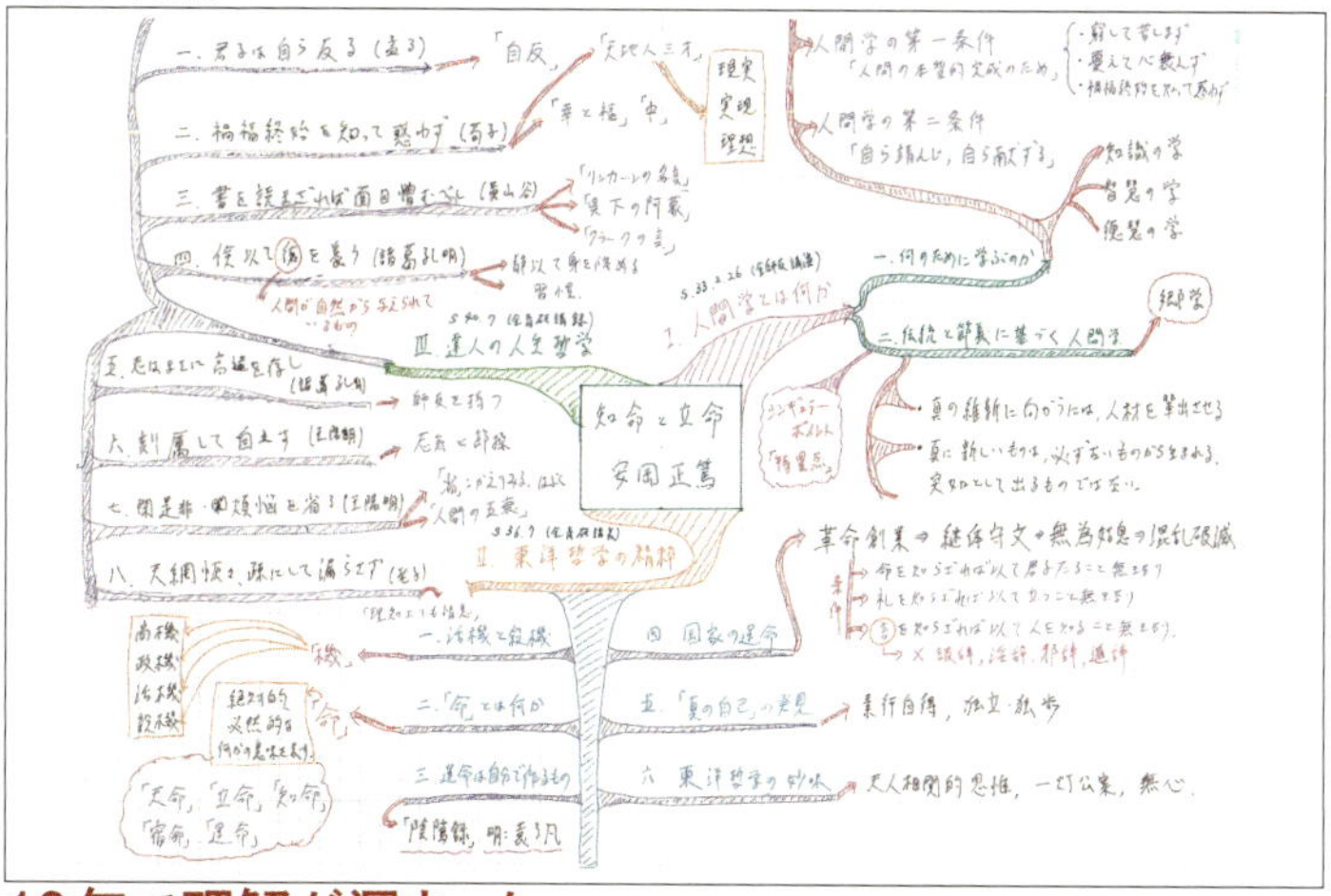

10年で理解が深まった

プ」のスタイルで、視覚的に展開していくのです。使うのは罫線の入った見開きのノート、またはA4の紙一枚。見やすさを考えて、色をいくつか使います。

このやり方で、紙一枚にまとめると、「ここがポイントだな」ということがひと目でわかり、頭に入りやすくなります。これを自分の手で書き上げ、何度も見返して、覚えていくのです。

平成一七年に『知命と立命』を初めて読んだあとに、「マインドマップ」のスタイルでまとめたのですが、それが残っていました。

その後、『知命と立命』を何度か読みましたが、この一〇年間でどこまで理解が深まったのか？

今回この本を書くにあたり、自分なりに比較してみようと思い立ち、『知命と立命』の平成二七年版「マインドマップ」を書いてみました。

平成一七年は目次の言葉を整理するので精いっぱいでしたが、それから一〇年たったいまでは、大事な言葉、キーワードを書き込んでいます。両方の「マインドマップ」の違いに、私が学んだ足跡が表れている、といっていいでしょう。

さて、ここでは私が最初に読んだ本『運命を創る』を題材に、マインドマップの書き方を説明します。具体的な書き方は左ページの図と説明をご覧ください。

マインドマップ式整理術『運命を創る』

1　まず紙の真ん中に、四角い枠を書きます。縦横の比は、おおよそ三対五。四角の中には、書名を入れます。この場合は『運命を創る』です。著者名「安岡正篤」も四角の中に入れます。

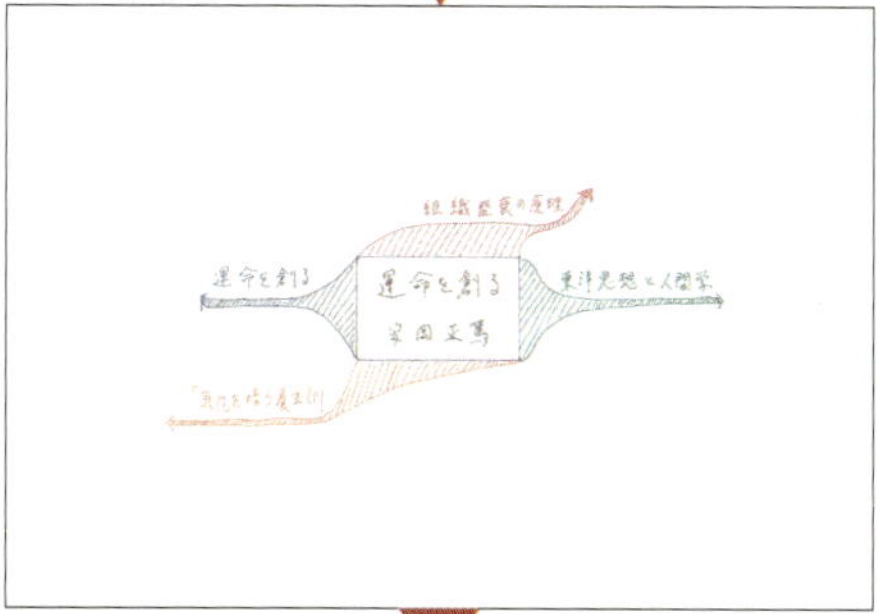

2　目次の言葉を写します。中心の四角く囲ったタイトルの上に『組織盛衰の原理』、右に『東洋思想と人間学』、その反対に『運命を創る』を置き、最後に『「気力」を培う養生訓』を下へ置いてみました。

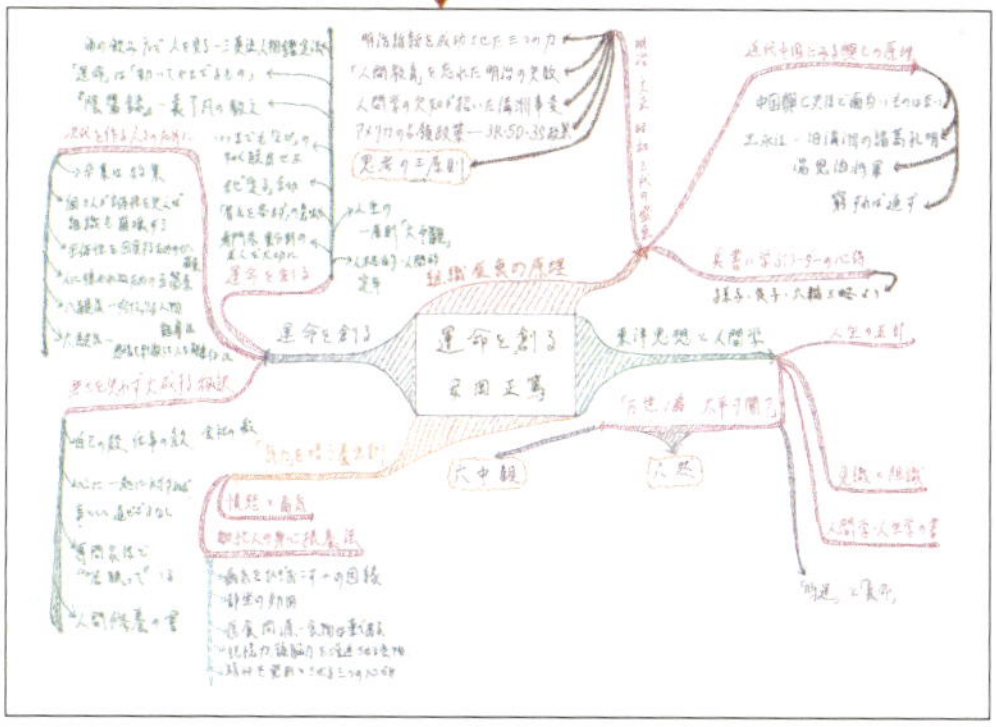

3　大まかな枠組みが決まったら、あとはツリー構造で、木が枝をのばすように図を書きながら、下位の項目を枝の先に並べていきます。大項目の次は、章に相当する中項目を、大項目の先に枝をのばして書き並べていきます。中項目を書き終えたら、その先に、さらに節や項の小見出しをそれぞれのばしていきます。

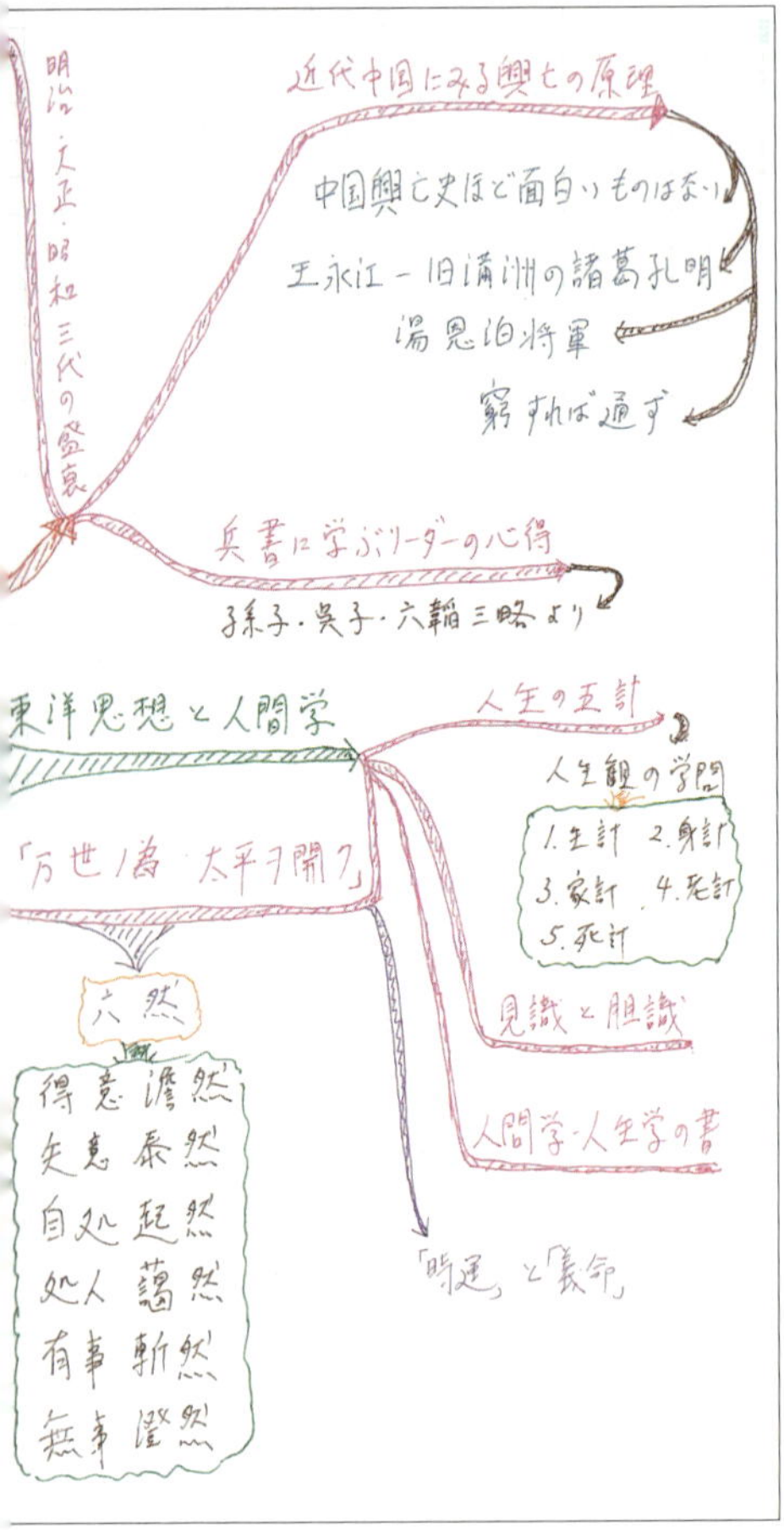

目次の内容の書き方は、人によって違っていいと思います。

私の書き方について多少補足しますと、この本は安岡さんが行った四つの講演をまとめたから四部構成になっているのだ、ということを頭に入れてから、目次を書いています。

また、色使いですが、四部構成であることを意識し、大項目は項目ごとに色を変えました。

一方、中項目はピンク一色に統一しています。これは中項目に違いを持たせる意味があまりないのと、色が増えて見にくくならないようにしたためです。ちなみに、「マインドマップ」を正式に習っていないので、色使いや枝の書き方や矢印の形などすべて自己流です。

教えを活かすツールにする！
『運命を創る』のマインドマップ

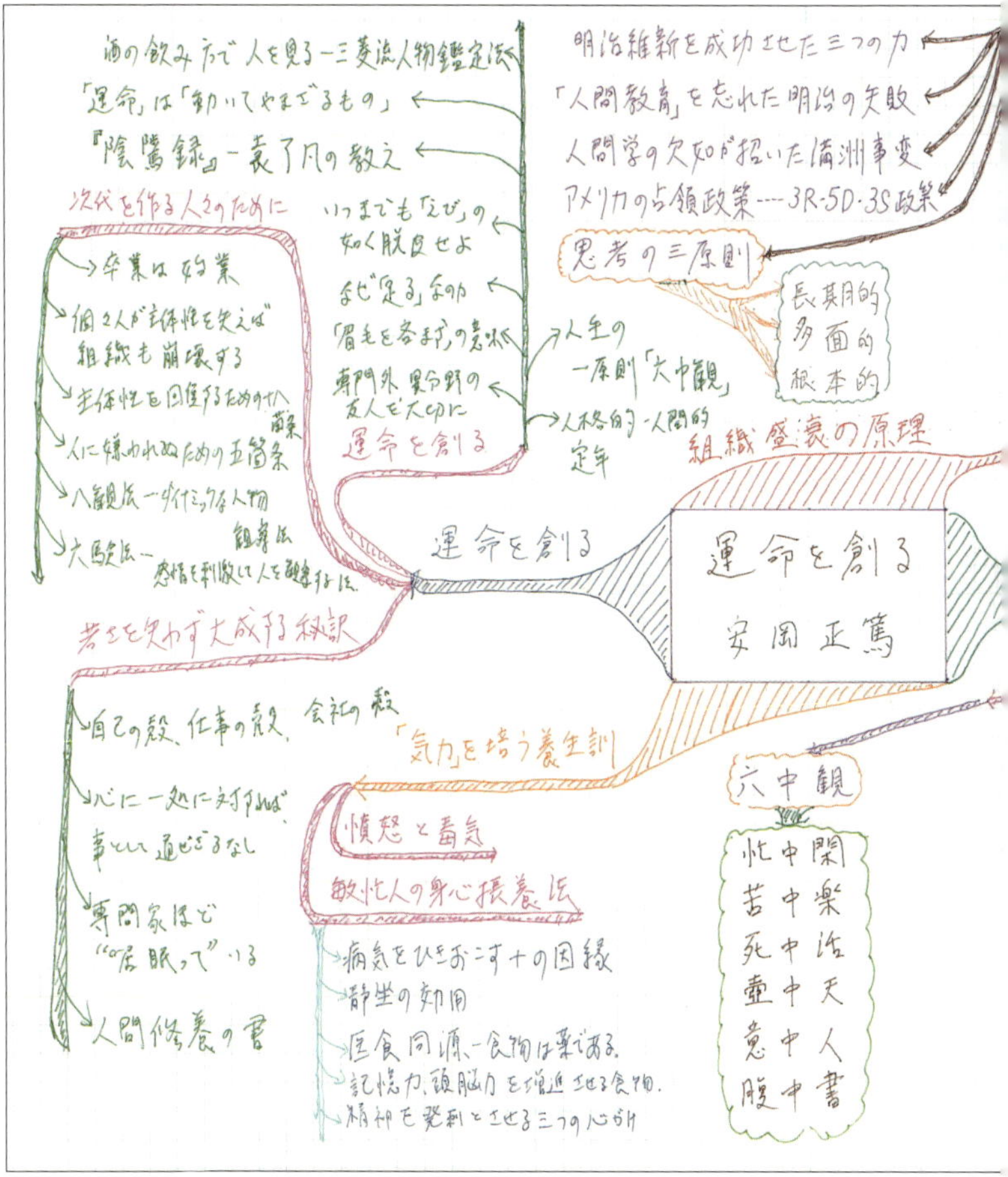

初めて安岡さんの本を読んだ方は、目次の言葉を書き込むところまでできたらＯＫです。

私は、マインドマップを覚え書き・メモとしてだけでなく、実生活に活かすツールとして使いたいので、ここからもう一作業します。「覚えておきたい、好きな言葉」など、大事な言葉をさらに書き込んでいくのです。

私の場合、『運命を創る』のなかで覚えておきたい言葉、実生活に活かしている言葉がいくつかあります。

「思考の三原則」「六然《りくぜん》」「六中観《りくちゅうかん》」「人生の五計《ごけい》」です。

ところが、これらの言葉は、編集上の都合なのか、目次に一部しか掲載されていません。そこで自分が日常的にこれらの言葉を使えるように、すべての言葉を書き込んでいきます。

「六然」は全部で六つの言葉があるのですが、「得意澹然《たんぜん》」「失意泰然」の二つしか目次には出ていないので、残りの四つの言葉「自処超然《じしょちょうぜん》」「処人藹然《しょじんあいぜん》」「有事斬然《ゆうじざんぜん》」「無事澄然《ぶじちょうぜん》」を書いていきます。各言葉の意味の説明はここでは省略します。

「六中観」も目次に出ているのは「壺中天《こちゅうてん》あり」「意中人《いちゅうひと》あり」の二つだけ。残りの「忙中《ぼうちゅう》閑《かん》あり」「苦中楽《くちゅうらく》あり」「死中活《しちゅうかつ》あり」「腹中書《ふくちゅうしょ》あり」も書き込みます。各言葉の意味の説明はここでは省略します。「人生の五計」の具体的な言葉の紹介も省略します。

こうしてひと通り書き込むと、マインドマップを見るだけで、「六然」「六中観」と「思考の三原則」のポイントが、一覧できることになります。一八〇～一八一ページのマインドマップをご覧ください。

安岡さんの本を読んだら、ぜひ一度、マインドマップを作って効果を確かめてみてください。二回、三回と読み返すと、自分なりに重要だと感じた箇所が変わってきます。そのたびに「何が正解か」などとは考えずに、気に入った言葉をマップに書き足していくのもよいかもしれません。

安岡言葉のマインドマップをつくる

安岡さんの言葉は非常に示唆に富んでいるので、一度覚えると、覚えた言葉がトリガーになって、「自分はどう生きたらいいのだろう」と深く考えるきっかけになっていきます。

その助けになるのが、先ほどのマインドマップから、気に入った言葉を取り上げてマインドマップを作ることです。

まず、紙の真ん中に描いた四角の中に、書名の代わりに気に入った言葉を入れます。

たとえば「思考の三原則」なら、紙の真ん中に四角を描いて、「思考の三原則」と書き入れます。そして四角の真上に矢印をのばして「一　長期的」、右横に矢印をのばして「二　多面的」、左横に矢印をのばして「三　根本的」と、大きな文字で目立つように書き込み、それぞれの言葉の外側に言葉の意味を書きます。

それを眺めながら、三つの言葉を頭の中に入れていきましょう。言葉の意味をマップから吸い込んでいくイメージです。次ページの「思考の三原則」マインドマップをご覧ください。

ここに図は紹介していませんが、ほかの言葉でも展開できます。

「六中観」の場合は、真ん中に「六中観」という言葉を入れ、そこから六つの枝を書きます。

「思考の三原則」のマインドマップ

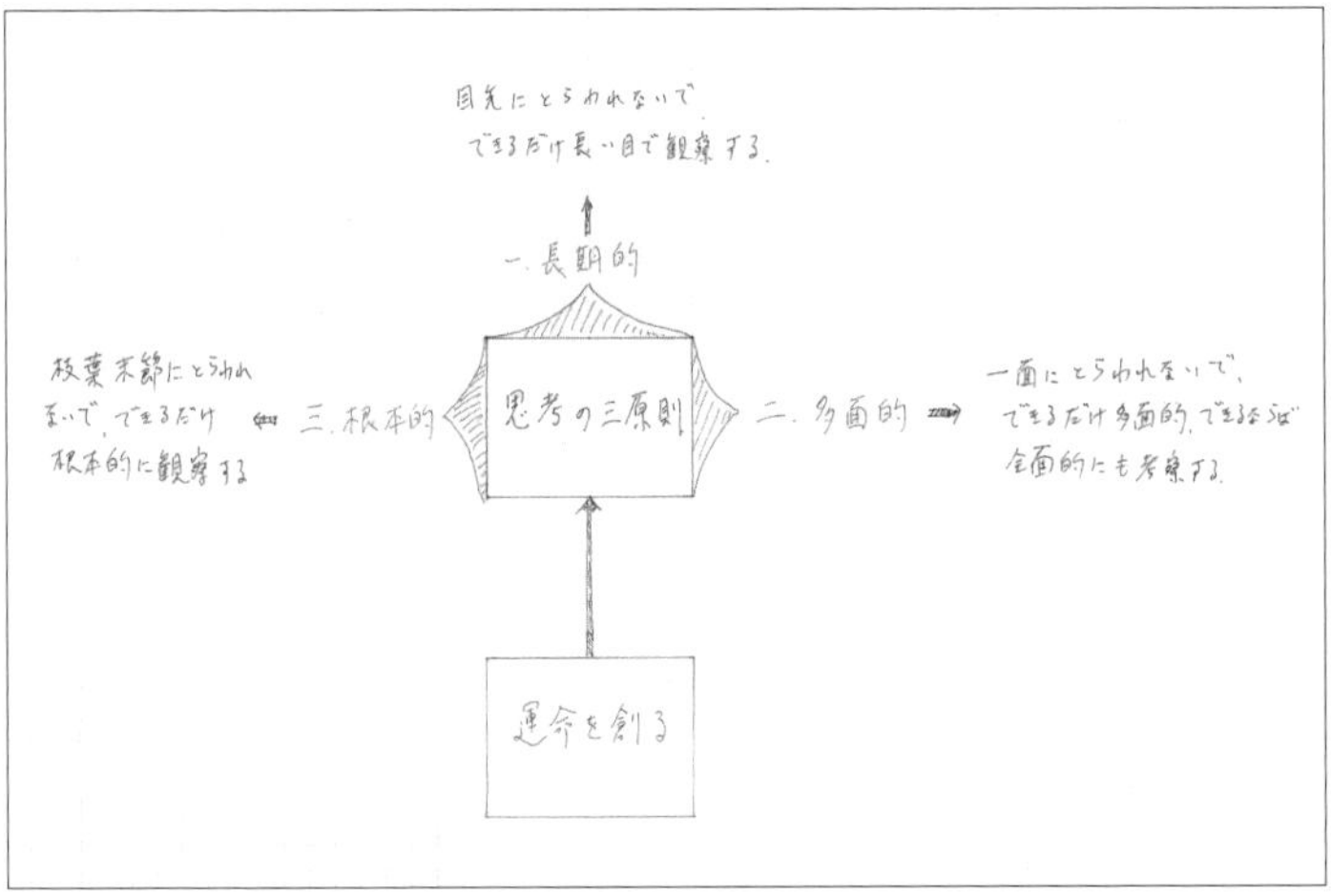
目先にとらわれないで
できるだけ長い目で観察する。
一、長期的
思考の三原則
二、多面的
一面にとらわれないで、
できるだけ多面的、できるならば
全面的にも考察する。
三、根本的
枝葉末節にとらわれ
ないで、できるだけ
根本的に観察する
運命を創る

その先に「忙中閑」「苦中楽」「死中活」「壺中天」「意中人」「腹中書」と言葉を六つ並べ、言葉の意味をその下に書いていけば、「六中観」のマインドマップが完成します。

これを自分の心を映す鏡として眺めることで、落ち着きを取り戻したり、集中力を高めるといった使い方ができます。さらに自分の思いや考え方を書き込んで、より使いやすくするのもいいでしょう。

マインドマップ・スタイルに並べることで、ひとつひとつの言葉が覚えやすくなりますし、仕事や日常でもいろいろな場面で使えます。私の例ですが、「思考の三原則」を人生の重大な決断を下すうえでの判断基準としても、コミュニケーション・ツールとしても利用しています。

これについて、次で詳しく説明しましょう。

アウトプット2

「教えを実践する」

「思考の三原則」を仕事の決断に利用する

アウトプットの方法としていちばんいいと私が思うのは、安岡さんの教えを実践することです。安岡さんの本に出てくる言葉に、儒学者の王陽明《おうようめい》が説いた「知行合一《ちこうごういつ》」があります。「知は行の始めなり。行は知の成るなり」という言い方もしますが、本当に知れば知るほどそれは立派な行いになってくる、ということです。

この境地を目指しているのですが、妻からはことあるごとに「あなたは口ばかり。偉そうなことを言っているけど、全然できていない」と言われているのが実態です。医院のスタッフにも、「私も言っていることとやっていることにギャップがあるけれども、君たちも理想の自分と現実の自分にギャップがあるだろう。まず、そこに気づこう。それを埋めていこう」と言っています。人間性を高めるとか、肚《はら》を練《ね》るといったことは簡単にはいきません。

前置きが長くなりましたが、安岡さんの教えのなかで私がいちばん活用しているのが「思考の三原則」です。仕事や生活のうえで大事な判断を下すときには、必ず「思考の三原則」を思い浮かべ、それに照らし合わせて、どうすべきか決定するようにしています。

事業をしていると、右に行くか、左に行くか、決断しなければならないときがあります。たとえば、設備投資をするかどうか、事業所を移すかどうか。重要な問題であればあるほど、思考が堂々巡りしたり、一方向に考えが固まってしまいがちです。そういうときに、この三原則に従って是非を判断するのです。

私の場合、平成一九年に自社ビルを建てて、それまで利用していたテナントから移ったのですが、その際この三原則を使って事業性を判断しました。

具体的なやり方は、次ページからの図と説明をご覧ください。

「思考の三原則」で
自社ビル建設を検討した例

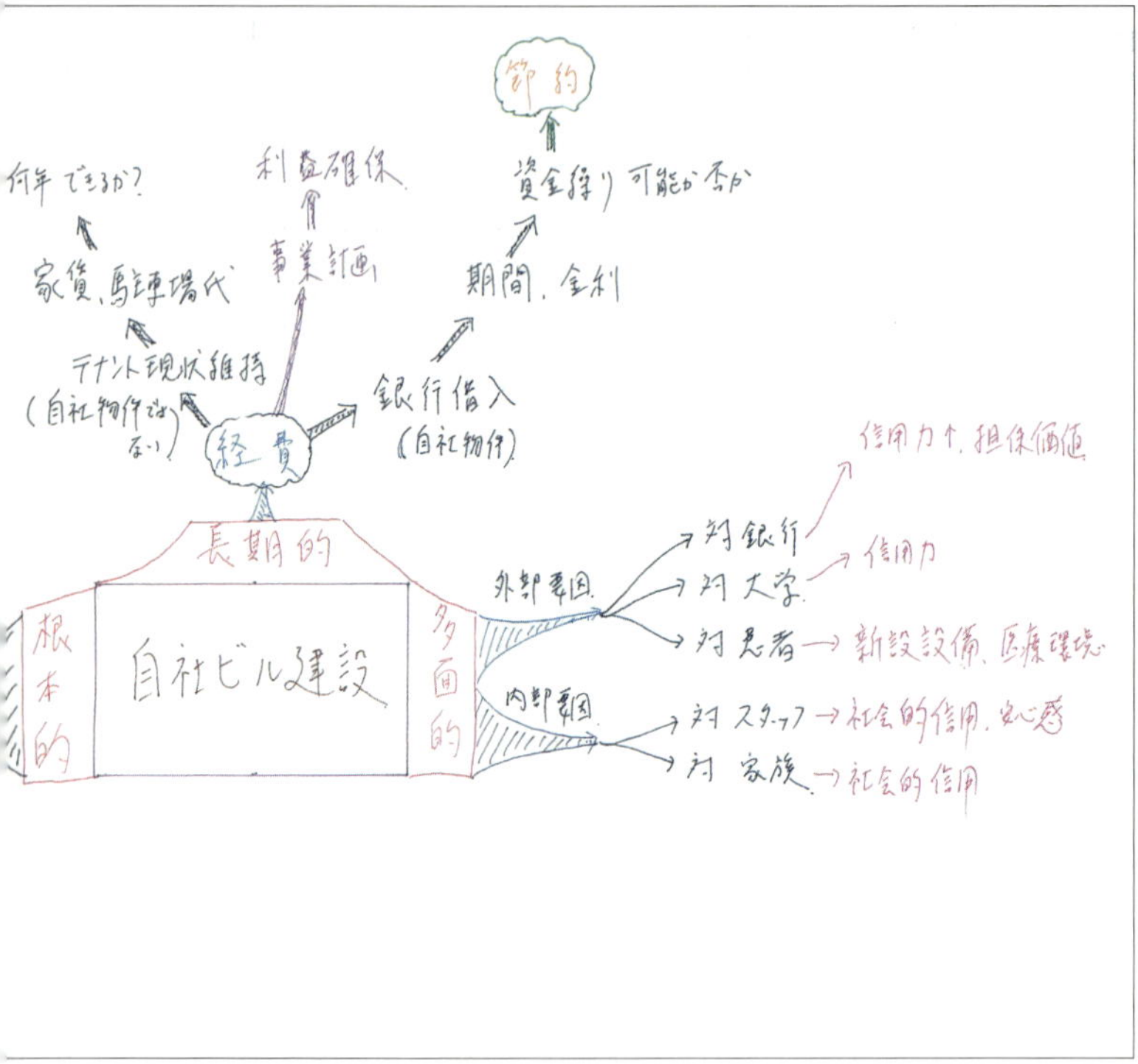

2 「多面的」に考える

次は第二の「多面的」原則です。自社でビルを建てるメリットとデメリットをさまざまな方向から考えます。

たとえば衛生士やドクターを回してもらっている大学からはどういう違いが感じられるのか、銀行からはどう見えるのか、患者さんからはどうか、スタッフはどうか、さまざまな関係者を想定して、考えました。

3 「根本的」に考える

最後は、第三の「根本的」原則です。自社ビルを建てることで、私も含めたスタッフや家族が幸せになるのか。「オリーブ歯科」はどういうカタチでいつまで存続できるのか。それを掘り下げて考えました。

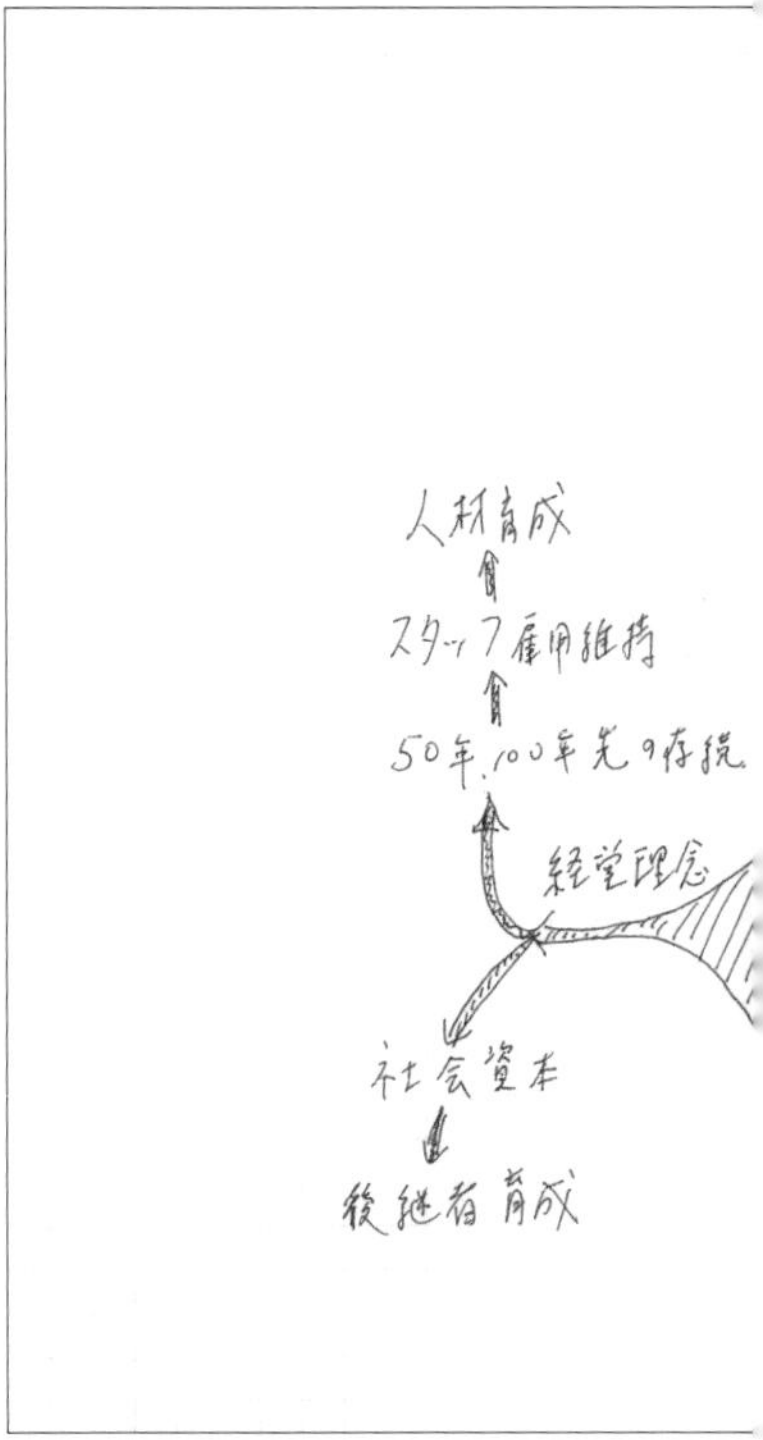

1 「長期的」に考える

まず、10年、20年という長期的なスパンで、テナントで払う賃料とローンの返済額とを比較します。お金以外の面についても、長期的に考えます。私はそのとき40代半ばでしたから、「あと20年歯科医院を続けたとして、そのときにテナントでいた場合、自社ビルに移った場合で、それぞれどういう状況になっているか」と考えました。

私が三つの原則に従って考えた結論は、次のとおりです。

まず、長期的に考えた結論です。ビルを建てることで費用の節約になる。逆に、節約になる範囲でビルを建てなくてはならない。

多面的に考えたところ、次のことが明確になりました。社会的な信用力が生まれる。自前の土地、建物は担保にもなるし、資金調達のときには力を発揮する。また、地域の中で同じくらい大きい歯科医院は他にないので、スタッフが勤める際の安心感、大学から新しいドクターを呼ぶときの信用力が得られる。

根本的に考えてみると、「オリーブ歯科」を存続させることはとても重要なことでした。勤めてくれるスタッフのためにも五〇年、一〇〇年と存在し続ける組織にしたい、と考えがまとまりました。

これをもとに、自社ビルを建ててそこを本部とすることが、私たちアスペック・グループ発展の礎になると結論し、建設を決断しました。

この決断は、いまも正しかったと確信しています。

「思考の三原則」を家の購入に利用する

みなさんにも、「思考の三原則」が役立つ例を紹介しましょう。

家を建てる場合や、マンションを購入するときです。考え方の基本は同じです。「長期的」ということでは、たとえばお金の問題があります。

ローンを組むとして、一〇年で返すのか、二〇年で返すのか。毎月、いくら返すのか。その場合、長期的に子どもの教育費に影響しないのか。またいまのこの土地の価値、家の価値は、一〇年後、二〇年後にはどうなっているのか。将来現れてくるリスクも考えます。

お金の問題だけでなく、「いまは一戸建てがあるとうれしいけれども、家族が成長していったときにはどうなるのか」という視点からも検討します。

大抵のご夫婦では、お子さんたちが成長したら、もう庭付き一戸建てはいらないと感じるようです。私の家も一戸建てですが、妻は家を建てるときには、「小学校の近くで、子どもたちが遊べるような少しの庭があって」といった条件を並べていました。わが家では娘二人が大学を卒業し、いまでは、「息子たちが巣立って夫婦二人になったら、管理に手のかからないマンションに越すのはどうかしら」などと話しています。

ライフステージとともに家に求めるものも変わってくるので、ある程度年数がたつと、見直しが必要になることもあります。

「多面的」であれば、「周囲の環境はいいのか」「通勤時間が増えるのではないか」といったことから、自分の都合だけでなく、「子どもにとっていい場所なのか」「妻にとってはいい場所か」

さらに「両親にとって、ここで家を建てることはどういう意味を持つのか」というように、いろいろな視点から考えていきます。その場合、「ここに家を建てるべきか、否か」という二択のかたちの設問にすると、関係者ごとにメリットとデメリットをはっきりさせやすくなります。

さらに、「根本的」に見ることも重要です。このケースであれば、「そもそもなんのために家を建てるのか」という問題を考えるわけです。

マンションを買ったり家を建てたり、結婚相手を決める、就職先を決める、退職する、転職するといった、人生の行方に関わる重大な行動を起こすとき、ぜひこの「思考の三原則」を思い出して、決断に役立ててください。

子どもの進路相談に「思考の三原則」を使ってみる

ここでは「思考の三原則」のマインドマップを使って、問題を整理するやり方をご紹介しましょう。

まずA4の紙を一枚用意し、その真ん中に四角を書いて、検討すべき問題をその中に書き入れます。次に、「長期的」、「多面的」、「根本的」と大きな文字で目立つように書き込みます。

そのうえで、当面の問題について、この三つの原則に照らして考えていきます。そのときの順番は、

1　長期的
2　多面的
3　根本的

の順です。

そして思いついた内容を、それぞれ参照した原則のまわりに矢印をのばして、書き込んでいきます。書くことを思いつかなくなったら、そこで終わりとします。

私は「思考の三原則」のマインドマップを使って、息子二人と進路について話し合いました。実施したのは、平成二七年初夏、長男が高校三年生、次男が高校一年生です。

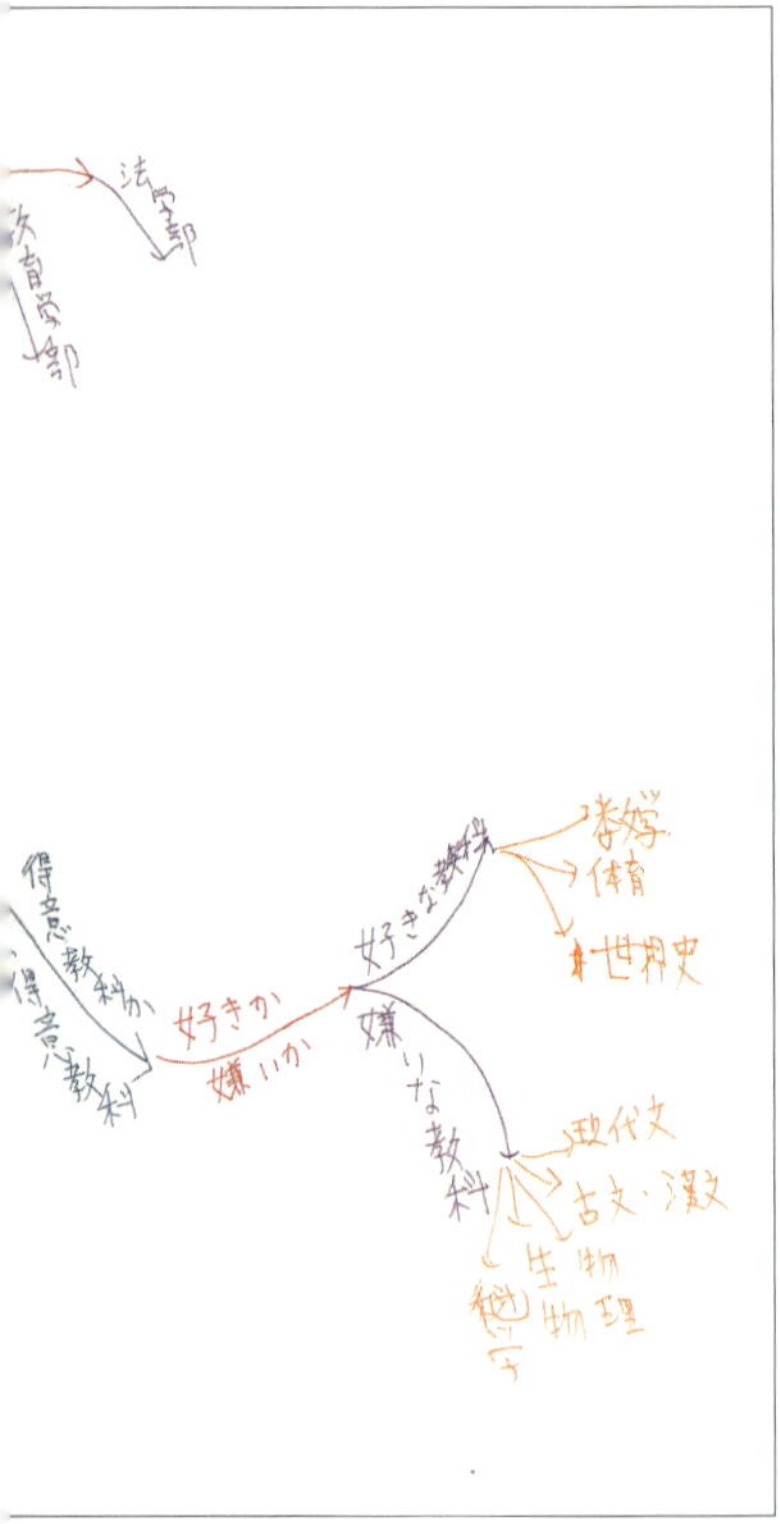

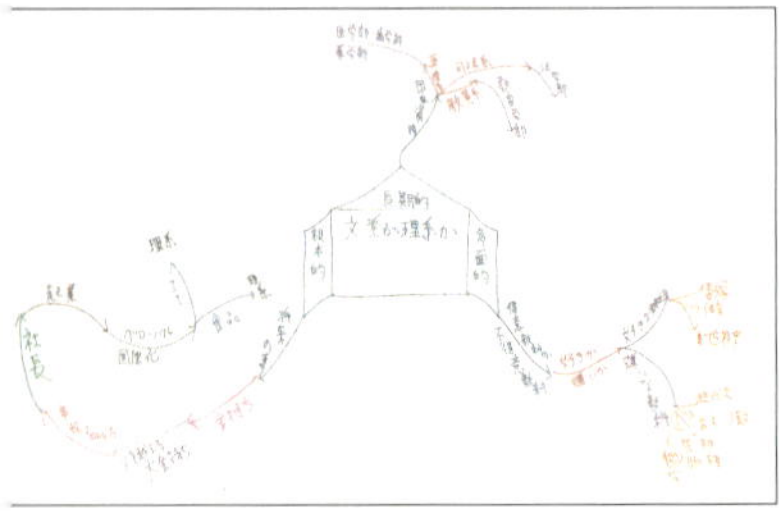

進路相談 次男のマインドマップの全体像

1 「長期的」に考える

まず四角の真上の「長期的」のところを、上に向かって矢印がのびるように線で囲みます。そして私から、「将来、何をしたいんだ?」と質問しました。

次男の答えは「資格を取りたい」でした。「資格があると有利だから」と言うのです。どうやら妻が子どもたちに常々、「資格を取らないと食べていけないよ」と教えていた影響のようです。

質問する側は、ここで自分の意見を言ってはいけません。本人の考えを整理して、自分で決めさせることが目的ですから、そのまま質問を続けます。

「資格といってもいろいろあるぞ。どんな資格が取りたいんだ?」

「国家資格」

「国家資格には、どんなものがあると思う?」

ここで二人で少し話し合い、国家資格を大まかに、医者や歯医者、薬剤師などの「医療系」、弁護士、会計士などの「司法系」、学校の先生になるための「教育系」に分けることにしました。

国家資格の先から、三本の枝が分かれます。

「こういう資格を取るには、どんな学部に進学すればいいと思う?」

それぞれの資格の先にまた枝をのばして、その資格を取るために卒業すべき学部を書き込みます。進学すべき学部が明らかになると、文系・理系の別が見えてきます。医療系なら理系、司法系、教員系は文系です。

いまのところ次男は、どの学部に進みたいのか、考えが決まっていないようでした。

そうなると手が止まってしまうので、「長期的」については、ここでいったん終わりとします。

二人で行うマインドマップ作りでは、聞き手がいろいろ質問をして、書き手が行き詰まったところで終わりにするのです。

進路相談 次男のマインドマップ①

2 「多面的」に考える

次に「多面的」に移り、同じように矢印をのばしていきました。

「自分がいま置かれている状況を、いろいろな面から考えてみようか」

私が振ると、

「得意科目と不得意科目がある」

と次男は答えてきました。

「つまり、点が取れる科目と取れない科目ということか?」

「じゃなくて、好きな科目と嫌いな科目」

どうやら次男の場合、得意科目か不得意科目かは点数の問題ではなくて「好きか嫌いか」と同じ意味のようです。

ここでも何か言いたくなるのを抑えて、「好きか嫌いか」と書いて矢印をのばし、質問を続けます。

「好きな教科は何で、嫌いな教科は何だ?」

二つに分かれた矢印の先に次男が書き込んだのは、「好きな教科」が数学、体育、世界史。「嫌いな教科」が現代文、古文・漢文、物理、生物、化学でした。

これでは、文系と理系に分かれません。

「うーん、まとまりがないなあ。数学、体育、世界史で受けられる学部ってあるか?」

「先生が、数学が大事な文系の学部もあると言っていたよ。経済学部だって」

そうかもしれませんが、数学、体育、世界史で受験できる経済学部があるのでしょうか。

いろいろ質問しても、これ以上、矢印がのびなくなってしまったので、次に移ることにします。

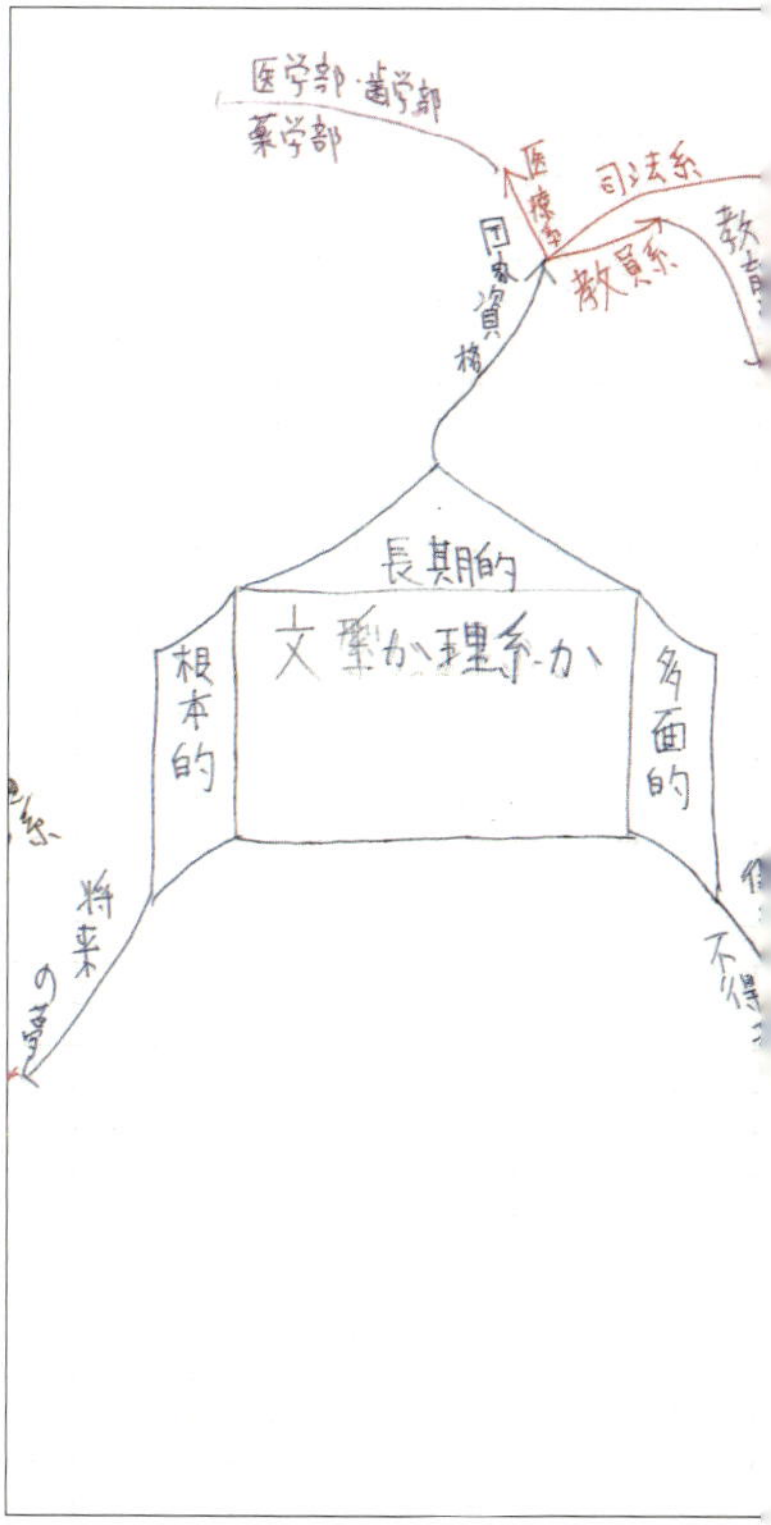

◀図は次ページに続く

進路相談 次男のマインドマップ②

3 「根本的」に考える

最後は「根本的」です。

「そもそも、何になりたいんだ? 将来の夢は?」

「金持ち」

身もふたもない答えが返ってきました。

「金持ちといってもいろいろだぞ。どのくらいの金持ちだ?」

「お父さん以上の大金持ち」

思わず、「おれのことを大金持ちと思っているのか? おかあさんがいつも、『お父さんは借金王』って言っているだろう」と突っ込みを入れたくなってしまいましたが、ここはこらえて、「年収いくらぐらいだ?」と質問します。

「うーん……3000万円かな」

「3000万円? そんなにもらえる仕事、何があるんだ」

そう質問すると、次男はスマートフォンを取り出しました。いまは便利なもので、スマートフォンで簡単に職業別の年収が調べられるのです。しかし3000万円ももらえる仕事など、社長ぐらいしかありません。

「それじゃ起業するしかないな。どんな仕事で起業する?」

「グローバルな仕事がいい」

「業種は?」

「ITか食品」

「なるほど。じゃあITか食品の企業で起業するんだったら、文系か理系のどちらだと思う?」

「どっちも理系かなあ」

こうして矢印をのばし、枝分かれさせて、図のようなマインドマップが出来上がりました。

あとは質問しても、はっきりした答えが返ってきません。

ここまでで終了。

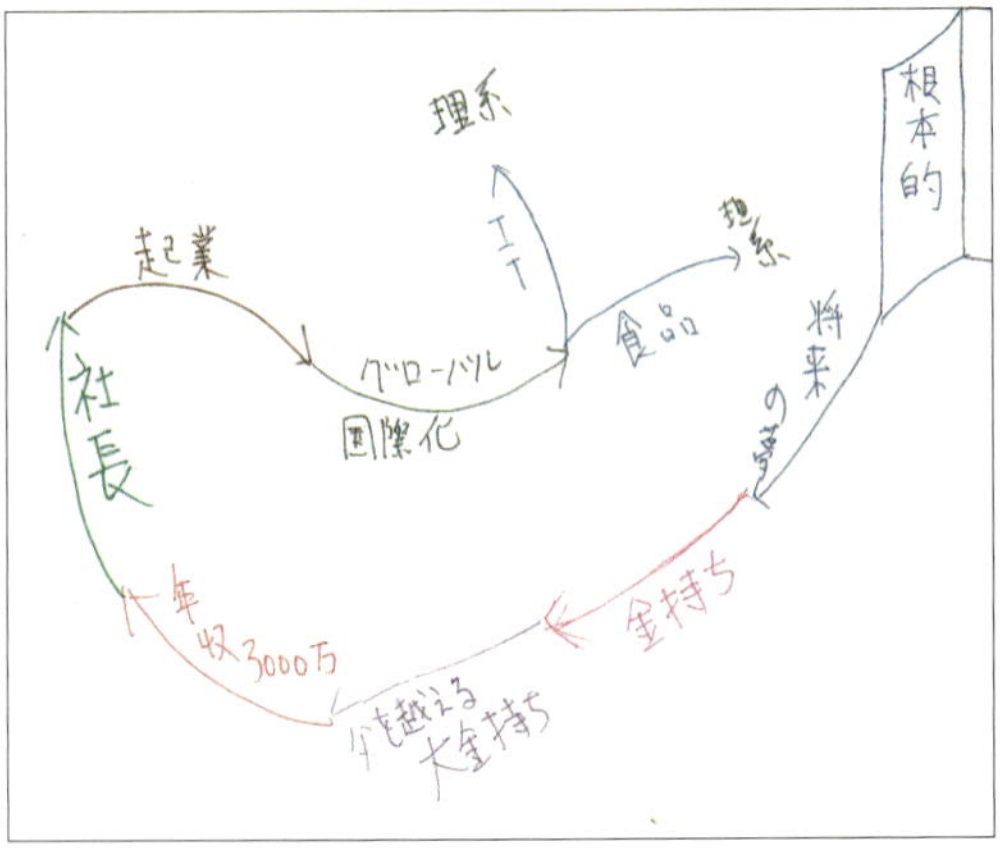

前ページの続き▶

長男には大学受験が控えており、次男も文系、理系の振り分けを控えていて、それぞれの進む道を考えるのに、いいタイミング。

子どもの進路相談となると、本人の希望を聞こうといいながら、話をしているうちに、どうしても親の思惑の方向に誘導するか、考えを一方的に押し付けることになってしまいがちです。

この「思考の三原則」のマインドマップを使うと、親が思惑をさしはさむ余地がなく、本人の頭の中や心の内にあるものを、スムーズに引き出すことができるのです。

まずは紙の真ん中に四角を書くところから始めて、すべて本人に書かせました。

二人とも、最初はめんどくさそうでしたが、やっているうちに真剣に考え始め、一枚のマップを書き終えるまで、一時間半ほど費やしました。

その様子を、紹介しておきましょう。

まず、次男から。テーマは「文系か理系か」です。

大学進学を意識するころになると、誰でも文系・理系のどちらかを選択しますが、高校生の多くは「ぼくは数学が得意で国語は苦手だから、理系かな」という程度の、単純な理由で決めています。しかしこの選択は本来、自分の将来を見据えて考えなければならない、重大な問題です。短期的な視野や、フィーリングで決めるべきものではありません。

具体的なやりとりは一九四ページ～一九六ページの図と説明をご覧ください。

マインドマップをもとに次男の考えを詳しく聞き出すことができて、私にはとても参考になりました。次男が好きな科目が何かということと、それをのばすことで開ける進路があることがわかったからです。理系か文系か。結論を、いまの段階で無理に出すことはない。もう少し考えが深まったところで、機会をあらためて次のマインドマップを書けばいいのです。もう少しさて、長男です。志望校選択は、次男以上に難航しました。

テーマは「進路」としています。

私がいつも「思考の三原則」を使う場合、「やるべきか、やめるべきか」といった二択で考えることが多いのですが、それにとらわれることはありません。今回は、もう少し大きな枠組みにしています。

具体的なやりとりは、次ページの図と説明をご覧ください。

もともと次男よりも長男のほうが性格はタフなのですが、話し合いでわかったのは、野球部のキャプテンとしてかなり重圧を感じていることでした。成績が伸びていないのも、無理ないなと思いました。これでは、とても、進路のことに考えを向ける余裕などないでしょう。

一時間半、長男からいろいろ聞きましたが、進路の選択につながる答えが返ってこないので、「わかった。野球の部活が終わってから、また話そう」

ということで、妻にも参加してもらい、あらためて親子で話すことにしました。

進路相談 長男のマインドマップ

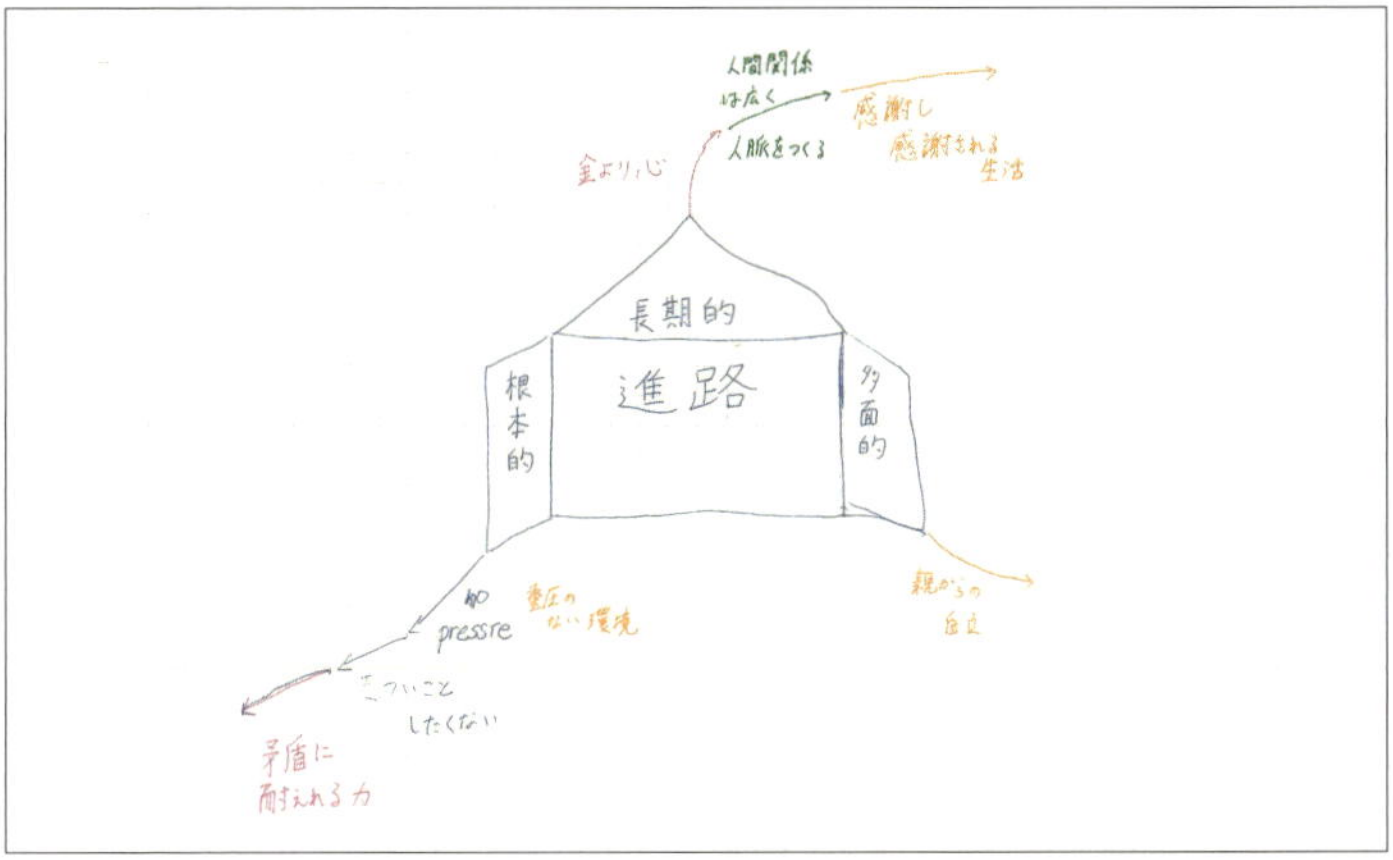

1 「長期的」に考える

まず「長期的」からです。

「将来、何をしたいんだ?」

「金より心」

長男の答えは、次男とは対照的でした。

実は長男は高校で野球部のキャプテンに選ばれており、浪人覚悟で、夏の甲子園をめざす地区大会が終わるまで部活を続けることに決めています。

しかし、高3になる直前にエースピッチャーだった同級生が退部したいと言いだし、キャプテンの長男は「自分が原因なのかもしれない」と悩んでいたのです。さらに監督からは「なんとか続けるように話をしてみろ」と言われ、退部したい彼との間で板挟みになり苦しんでいたのでした。

「おれ、いま、心の安らぎが欲しいんだ。感謝し、感謝されるような生活がいい」

野球部の高校生とは思えないようなセリフが出てきます。そう言ったきり、それ以上の考えは浮かんでこないようです。

(これは相当、疲れているなあ)

と思いながら、次の「多面的」に移ります。

2 「多面的」に考える

「いま、何考えてる?」

「親から自立したい」

「自立って、具体的にどうしたいんだ?」

と聞かれると、答えがありません。明確なビジョンはないようです。

3 「根本的」に考える

最後に「根本的」に入ります。

「そもそも、どうなりたいんだ?」

「重圧のない環境。きついことはしたくない。矛盾に耐える力がほしい」

そう言ったきり、あとが続きませんでした。

長男の進路について、それほど心配はしていません。もともと「浪人してもいいから、部活は最後までやり抜け」と勧めたのは、私です。「最後の甲子園予選」が終われば、ひとまわり成長していくだろうと感じています。

こうやって、「思考の三原則」のマインドマップで息子二人の進路相談をしてわかったのは、親子のコミュニケーションのツールとして抜群の効果がある、ということでした。日ごろ、親子できちんと話し合いができていない家庭は多いと思いますが、親から持ちかけないと悩みの相談にも乗れません。そうしたとき、マインドマップはいいツールになるでしょう。

ただその際、大事なのは「マインドマップは、その時点のわが子の心理状態を探るための道具」と割り切って、焦らずに本人の考えが深まるのを待つことです。私自身、振り返ると、かつては自分の考えを強引に家族やスタッフに押し付けてきました。しかしそんなことをしても、思いどおりの結果にはならないものです。

繰り返しになりますが、「思考の三原則」を使ったマインドマップは、多くの要素を総合的に判断して決めなければいけないとき、非常に実用的で便利なツールです。紙に書きながら考えを決めていくので、思考の過程が記録に残るし、検討したさまざまな要素も目の前に一覧として出ているからです。

本章で紹介してきたように、安岡さんの本で学んだことを日常生活で実践していくことで、その教えが身についていきます。自分に合った方法で、アウトプットすることを心がけてみてください。

アウトプット3
「教えを人に話す」

人に話す機会をつくる

読んだ内容を人に話してみることも、大事なアウトプットです。

私の場合、月に一度の読書会で本原さんと安岡さんの教えについて語り合うことが、貴重なアウトプットの場になっていました。

スタッフに対しても、日ごろから安岡さんの教えを口に出すようにしてきました。学び始めた当初は月一回、休みの日にスタッフを集めて人間学の大事さをとうとうと話したものです。毎年実施している研修セミナーでは、安岡さんの言葉などをスライドにまとめて、「こういう考え方をもとに、日々仕事に取り組みましょう」と話をしています。

また、私は岡山大学歯学部の臨床教授ということもあり、広島大学と岡山大学で、年に一回、歯学部の五、六年生を対象に特別講義をしています。「君たちの将来」というテーマで、学生向けに現在の動向やキャリアアップしていくポイントを、安岡さんの言葉を引用しながら、話をしています。

安岡さんの言葉に専門的愚昧《ぐまい》（専門バカ）に陥ってはいけない、という言葉があります。「世間の常識は、歯科医の非常識。世間の非常識は、歯科医の常識」がそのいい例でしょう。歯科医の仕事は、患者さんである人間相手の仕事です。「挨拶をする」「人を思いやる」「迷惑をかけたら謝る」といった人間として当たり前のこと、「徳」を身につけることは、「いい歯医者」になるための絶対条件です。

特別講義は広島大が一六年、岡山大でも七、八年続いています。これも呼んでくださる講座の教授のご厚意によるもので、学生時代からのご縁に感謝です。ある種、名物講義になっているようで、卒業して歯科医になった人たちも、けっこう私の講義を覚えてくれているようです。

朝礼や酒席の女性相手に人間学を話題にする

本原康彦さんとの読書会を始めて間もないころに、「私はこうして学んだことを、周囲の人によく話すんですが、問題ないですか」と本原さんに尋ねたことがあります。

そのとき本原さんは、「学んだことや聞いたことを、小林さんの言葉で他の人に三回話したら、それはもう自分の言葉ですよ」と言われました。

「学ぶ」とは昔は「まねぶ」とも読んでいました。それは「真似《まね》ぶ」、「真似る」からきているそうです。本を読んで気に入った言葉、感動した話があったら、忘れないうちにそれを人に話していけば、自分もその言葉を頭に刻み込むことができます。

「自分自身がちゃんとできていないから、とても人前で偉そうな話などできない」と言う人がよくいますが、私はむしろ逆だと思っています。

誰でもみな、言っていることとやっていることの間にはギャップがあるもの。「人にものを教えられる域に達してから」などと考えていたら、人に教えることなど一生できません。

経営者の集まりで話したり、飲み会の席でも積極的に安岡さんの教えについて語っています。そういうときは、「今日みなさんが知った言葉を、『今月はこれ一本でいきます』と言って、会社の朝礼で毎回、お話しください」と勧めています。人前で話すことで、自分でも言葉の意味が理解できてくるのです。話すことで、本の言葉が自分の言葉になるのです。

たとえば従業員を前にして、「孔子《こうし》は『仁は人の心なり、義は人の路《みち》なり』と言いました」と話したとします。これは、孔子ではなくて孟子《もうし》の言葉なのですが、気にする必要はありません。「仁は人の心」であり「義は人の路」であるということを心がけてください、という話の本質が伝わればいいのです。

「いつも社員の前で話をしていると、公の席で『社長、ちょっと話をしてください』と急に指名されたときにも、スッと口から出てくるようになりますよ。二、三〇人も来賓がいる前でとっさに論語の一節でも話せたら、これは『ホー』と言われるぐらい、カッコいいですよ」

と励ましています。

安岡さんの教えを学ぶようになってから、妻が「あなたと言葉が通じるようになってきた」と言ってくれた話や、コンパニオンの女性に安岡さんの話をしたら、彼女が言われたことを素直に実践して、「運命が変わってきました」と感謝された話を、第一章で紹介しました。

おもてなしをしてくれる女性がいる酒席に出かけたときにも、私はすぐに「いい話を聞かせてあげるから、ノートとペンを持っておいで」と言って、安岡さんの教えをノートに書き出して見せるのです。飲食店で働いている若い子に人間学の話をしたり、中国の古典を読みなさい、などと言ったら、嫌がられると思われることでしょう。ところが、実際はそうではないのです。

それどころか話を聞きたがって、女性たちが私のまわりに集まってくるほどです。

安岡さんの教えを人に話すとき、気をつけなくてはいけないのは、「おれはこんな難しいことを知っているんだぞ」と上から目線で話をすることです。誰も耳を傾けてはくれません。「こういうエピソードや名言があるんだけど、参考になるかな」と、相手のことを思って楽しく話すことが大切です。そうすると、人がたくさん寄ってきます。それが本当のアウトプットで、とても楽しいものです。

第五章

こうして
運命がひらけた

入院——自分を見つめ直す

盛和塾ハワイの発足を祝う塾長例会に参加して、何か刺激を受けたり、事業に対する考え方のヒントを見つけたい。

そういう思いを抱いて、ハワイの塾長例会に向かいました。平成二二年一月のことです。ハワイでは稲盛塾長と個人的にお話しさせていただく機会もあったのですが、例会の期間中に体調を崩してしまい、岡山から一緒に来てくださった先輩経営者の方に抱えられるようにして自宅に帰りつきました。

翌日病院で検診を受けてみると、すぐに入院してください、とのこと。

病院で処置を受けて、快方に向かいましたが、ハワイ行きと合わせて、丸一か月仕事を休むことになりました。平成四年に開業してから一八年間、ろくに休みもとらずに仕事をして、長期の休暇などとったことがなく、自分の症状よりも、私が不在で歯科医院が回るのか、そのことが心配でたまりませんでした。

スタッフが見舞いに来たのは、入院して一週間ぐらいたってからでした。

「どうなってる?」とあれこれ様子を尋ねると、「院長、医院のことは気にせず休んでいてください」。

どうやら、スタッフが機転を利かせ、私が不在でも診療がスムーズにいくように体制を整えていたのです。

私が不在でも自主的に対応するスタッフの優秀さに感心したものの、内心では、オレあってのオリーブ歯科なのに、そのオレが必要とされていないというのか、といじけてしまいました。最初のうちは「早く仕事に戻らなければ」と苛々《いらいら》していた気持ちが、次第に落ち着いてきました。終日一人で病室にいるので、経営の立て直し以来取り組んできたことを、じっくりと振り返るようになったのです。

その一つが、グループ展開のことでした。

アスペックが開業を支援した歯科医院は三つとなり、さらに二つの開院計画を検討しているところで、私が入院したのです。

実をいうと、グループ展開が進んでいるとはいえ、何度か見直しを迫られていました。開業を支援した三歯科医院の推移を見てみると、それなりに経営が回っているとはいえ、目標の数字を大きく下回る、という状態でした。

万全の枠組みを用意しているのに、経営のはかばかしくない歯科医院が出てしまうのは、なぜなのだろう？

その枠組みとは、アスペックが歯科医院の開設資金を肩代わりし、スタッフの指導や会計業務の代行などを支援するものです。歯科医にとっては、開業の負担が小さく、診療に専念できるうえ、五年たったらアスペックの出資分を買い取って独立するというオプションも付いていました。

グループ展開構想は、安岡人間学で学んだ「思考の三原則」に基づいて、長期的、多面的、根本的の三つの視点から検討し、想定される「ヒト、モノ、カネ」の障害をできるだけ軽減したプラン、のはずでした。

私の掲げた目標が高すぎたのかもしれませんが、なぜグループ展開のスピードが上がらないのだろう？

そういう疑問が浮かぶたびに、あれこれと考えてみるのですが、堂々巡りをするばかりで、解決の糸口になるようなものは見つかりませんでした。

このもやもや感は、退院してからも続くことになるのです。

もう一つ考えたのが、五十代という自分の年齢のことです。

「医院のことは気にせず休んでいてください」と言われたのはショックでしたが、その思いが消えると、「率先垂範でいつまでいけるのかな？」と考えるようになりました。

やがて、現場から身を引くときがやってくる。そのときに向けて歯科医院経営についてどういうヴィジョンを描けばいいのか、どういう準備をすればいいのか。

そういうことを意識するようになったときに、コンサルタントの齋藤さんが見舞いに来てくださったのです。

「この入院は何かの啓示かもしれませんね。こういうときに、ものの見方を深めないといけませんよ」

そう言ったあとに、齋藤さんは、この機会に安岡さんの本を読み直してみなさい、と勧めてくれました。

齋藤さんに薦められた『知命と立命』、『運命を創る』の二冊を読み直しながら、これまで「徳」を経営理念に掲げてやってきたけれども、実態はどうだったろうか、とも考えるようになりました。

実際に歯科医院を経営するとなると、まずは数字が大事、売上や利益の追求を優先せざるをえません。いつも「おれについてこい」と旗を振ってやってきたのです。

「安岡人間学」は、リーダーのための指針、帝王学だ。「これを学べば自分は大きくなれる」という一心で突き進んできたのですが、はたして「徳」を基本にした経営をどれだけ実践できていたのか。

そういう反省や疑問が生まれましたが、これもまたはっきりした答えが見つかりません。これまでとは何か違うな、というもやもや感を引きずったまま、退院しました。

さて、歯科医院に復帰して着手したのが、入院前から検討していたグループ展開の案件です。一つは、場所を岡山駅の北側に想定したプランです。具体的に取り組みを開始しようと、念押しの意味で、本人に気持ちを確かめてみました。彼はその前に開業したドクターの後輩で、開業を目標にして、オリーブ歯科に入ってきたはずなのです。

ところが、意外な答えが返ってきました。

「まだちょっと自信がないです」

私が入院する前なら、「男ならやらんか」と叱りつけていたでしょう。しかし、無意識のうちに私はこう応えていました。

「ああ、わかった。それなら、いままでどおりオリーブ歯科にいてくれればいいよ」

本人にその意思がないのに、力ずくで進めたところでうまくいかないだろう、と判断したのです。というのも、それは入院中からずっと私が考え続けていたことだったからです。開業支援のシステムだけでは、医院経営は盤石にならないのではないか、という疑問。

そして、もうひとつ気づかされたのが、オリーブ歯科に入ってきたドクターが、必ずしも私と同じ思いではない、つまり開業・成功を夢見ているのではない、ということでした。

開業を思いとどまった真意をドクター本人から聞いたことはありませんが、開業した先輩から苦労のほどを聞かされて、開業がバラ色の未来とは限らない、身の丈にあった診療をしたい、と考えるようになったのかもしれません。

もう一つの開業計画は、開業予定のドクターが家庭の事情でオリーブ歯科をやめ、故郷に戻ってしまうことになり、自然消滅してしまいました。

こうして、二つの計画が相次いで頓挫したのです。

ここで原点に立ち返って、グループ展開を考え直したほうがいいのかもしれない。

私が送り出した三人が「ミニ小林」あるいは「小林2号」「小林3号」のように機能すると思い込んでいました。三つの歯科医院を同じように支援しているにもかかわらず、三者三様の結果になるのはなぜか。数字が示しているのは、「大事なのは院長の心意気や価値観、人間性次第なのだ」ということです。

そういう検証をしていくなかではっきりしたのは、グループ展開の歯科医院数を増やしたいという私の野心をいくら駆り立てても、期待と現実のギャップを埋めるいい方策はない、ということでした。

入院で芽生えてもやもやになっていたことの一つ、グループ展開がうまくいかないことの答えが明確になりました。

「幸せになりたい」から、「人を幸せにしたい」へ

グループ展開の見直しを始めたのと前後するようにして、新しいビジネスに取り組むようになりました。それが「院長塾」です。経営に悩む歯科医院の院長を対象に、指導料をいただいて、経営のノウハウと院長に必要な資質である「人間学」をマンツーマンで教えるのです。

最初の経営指導は、平成二二年秋に始まりました。分院展開を考えていた歯科医院院長に、私のグループ展開のノウハウを教えることを目的に、一年で修了しました。

次に、第一章の『家計がピンチ、夫婦仲が険悪になった』で紹介した院長と出会ったことで、何のために「院長塾」をやるのか、自分の「命」とは何か、に気づくことになるのです。

この院長を仮にAさんとしましょう。

歯科医院経営に問題を抱えていたAさんが、私が経営の立て直しに成功した評判をどこかで聞きつけたらしく、アドバイスを求めてきました。Aさんから、「お食事でもいかがですか」という誘いを受けて、指定された店に私が行ってみると、遅刻はしてくるし、年長の私がネクタイとスーツなのにラフな格好で、「ため口」なのです。とても、人にものを教わる態度ではあり

ません。Aさんに、人としての基本がなっていないことをさんざん説教した挙げ句、こう突き放したのです。

「資金繰りが心配なら、決算書を見直すといいでしょう。勉強してみなさい」

Aさんの態度を不快に思ったこともありますが、このときはグループ展開の案件が次々に控えていて、そのことで頭がいっぱいでした。大学の後輩でもなければ、お世話になっている先生の紹介でもない、そんなドクターの面倒など見ていられない、という心境でしたから、私のなかではAさんとのことは、それで終わった、と思っていました。

ところが、それから一年後、Aさんから思いつめた口調で電話がかかってきたのです。

「決算書を見てもらえませんか。もう潰れてしまいそうなんです」

その様子がただならないと感じて、話を聞いてみることにしました。平成二二年一二月のことでした。スタッフにボーナスを払うために年末に金融機関から借入をしたのですが、以前からの借入の返済を合わせると、今後の経営に大きな不安を感じて、ギブアップしかけているのだとわかりました。

Aさんから歯科医院の過去五年分の決算書を預かり、正月返上で内容を整理し、改善プランを作成しました。

一か月ほどして、奥さんと一緒に来てもらって、資金繰りが苦しくなった理由を説明しました。彼らはその主な原因が税額アップと私から聞いて、安堵したようでした。そして、無駄な費用を抑えるように言い聞かせると、素直にうなずいていました。

私が融資の借り換えを手助けして、資金繰りが改善する目途がついたことで、Aさんは窮地を脱することができたのです。

Aさんが追い込まれていった経緯は、第一章でご本人が詳しく語っていますので、ここでは省きます。


一年前に突き放したAさんを、なぜ私は助けたのか、そのことをお話ししましょう。

Aさんから二度目の相談を受けたときには、グループ展開を見直すことになり、以前ほど経営の課題に追われていなくて、比較的時間の余裕があったときでした。しかし、それ以上に、私の心を突き動かしたのが、窮地に立たされているAさんのことが他人事に思えなかったからです。

傲慢で礼儀知らずで、小さな成功に溺れて贅沢な生活になれてしまい、やがて家のお金が不足し、それが原因で夫婦ゲンカが絶えず、離婚の危機に。このままでは、歯科医院も、家庭もだめになってしまう――絶頂期にすっかり浮かれてしまい、いまは悄然としている男の姿は、途方に暮れていた何年か前の私そのものではないか、と思いました。

私が齋藤さんを頼ったように、Aさんは私を頼ってきている。Aさんには何の恩義もないけれど、不幸の沼にずり落ちていくAさんに、救いの手を差しのべなくていいのか。

経営を立て直すために勉強して身につけた会計の知識や銀行との交渉術、そして経営者にとって最も大事な人間性も磨いてきた――培ったノウハウをここで活かしてみよう、と私の心に火が点《つ》いたのです。一年前に抱いた「おまえのようなやつは、どうにでもなれ」という気持ちは、すっかり消えていました。

こうしてひとまず窮地は脱しましたが、Aさんへの経営指導は、それで終わりではありません。会計処理などテクニカルな部分だけでなく、院長の人間性の部分を正していかないと、経営がまたおかしくなってしまうと思ったからです。

Aさんに経営の問題点を質《ただ》すと、「あれが悪い、これが悪い」と、自分以外のものに責任をなすりつけ、言いわけばかりしてくるのです。

それを聞いて、齋藤さんから経営指導を受けたときも、私もそういう心境だったな、と思い返していました。責任を追及されると、言い逃れしたくなってしまうものです。自分の非を認めたくない。しかし、経営の結果はすべて院長である自分の責任だと捉《とら》え、自ら行動を変えようとしない限り、事態はよくなりません。

「院長塾」で私とともに人間学の勉強を重ねることで、Aさんの態度は明らかに変わり、それにつれて医院の経営も好転していきました。

「院長塾」は、ボランティアではありません、経営指導料をきっちりいただくビジネスですが、Aさんの経営再建に一対一で向き合うことで、私はいままでになかった充実感を覚えました。

自分で解説するのは面はゆいですが、相手をおもいやる心「仁」をもって、Aさんの経営再建の支援を自然体でやることができたのです。それは、いくら儲かった、売上目標を達成した、ということでは得られない喜びと言っていいでしょう。

『運命を創る』で安岡さんはこう語っています（一二五ページ　＊新装版一二五ページ）。

「命というものは絶対的な働きであるけれども、その中には複雑きわまりない因果関係がある。（中略）その因果の関係を動かして新しく運命を創造変化させていく、これが『道』というものであります。あるいは、命という字を使えばそれを『立命』という。（中略）命を知って、これによって我々が自分というものをリクリエートしていくのが立命であります」

そうか、自分がこれまでに体得したノウハウを活かして、経営に困っている歯科医院長を再生させることも、私の「命」ではないか、と気づかされたのです。安岡さんのいう「活学」です。

入院中に『知命と立命』と『運命を創る』を読み直してから、私のなかにあったもう一つのもやもやした感が、これを機に消え去りました。

「院長塾」を頼ってくるドクターは、そのあとも続いています。ありがたいことですが、しかし、誰でも受け入れるわけではありません。そこには明確な基準があります。

「徳」があるか、どうか、ということです。「利」だけで結びついた関係は、いつかは壊れてしまう。しかし、「徳」の関係がベースにあれば、利害関係が変質することはあっても、共に同じところを目指して歩んでいけるのではないか。

最近になって経営指導をした院長をアスペック・グループに招き入れることにしたのは、そう考えるようになったからです。資金面で後ろ盾のない歯科医師の開業を支援する、というビジネスモデルとは違った、グループ展開のかたちです。

開業当初五人でスタートしたのが、いまはグループ全体で、中核となる法人一つと五つの歯科医院と一つの歯科技工所を擁し、スタッフは五〇人まで増えました。

オリーブ歯科に限っていえば、大学病院並みの設備を整え、高いインプラント治療技術を持った副院長が現場の診療を率いるようになりました。

現在の歯科医療界は、コンビニの数の二倍近い歯科医院が乱立し、週刊誌に「開業医の五人に一人が、年収三〇〇万円以下のワーキングプアー」という記事が出るほど、かつてとは様変わりの苦しい状況になっています。ところが大学歯学部に入学しても、経営を学ぶコースはありませんし、開業しても誰も経営を教えてくれません。きびしい歯科医療界ですが、「院長塾」の活動を通してどう貢献できるのか、私の「立命」が問われているようです。

「徳」を大切にする経営への転換

感謝の心を忘れない。挨拶をする――「徳」を基本においた「患者さん第一」というマネジメントは、かなり徹底できていると思っていますが、スタッフの待遇、人事制度という点の「徳」の実践は、なりゆき任せになっていたかもしれません。

かつてのオリーブ歯科は、忙しいことで有名でした。診療用のチェア五台で、一日一〇〇人前後の患者さんを治療していた時代は、まるで野戦病院のようでした。代診に入った大学院生のドクターが、あまりの忙しさに「一年たって初めて、天井の色が青いことに気がつきました」とつぶやいた、というエピソードが残っているほどです。

いまになってみれば、「オリーブ歯科伝説」として懐かしい気持ちでお話しできますが、人事制度というのは、そのときの事情に応じて、柔軟に変えていかないと、世の中の変化に対応できないところがあります。試行錯誤はつきものです。

開業時から働いた人には報酬で報いるという考えでやっていましたが、どんぶり勘定だったこともあり、それを見直しました。しばらくして、効率を第一に考えて、人事制度を切り替えました。いわゆる「成果主義」を大胆に取り入れたのです。

ドクターの報酬は歩合制で、仕事を早く済ませて多くの診療をこなした人ほど、高い給料をもらえるようにしました。スタッフには、ジュニア、シニア、サブチーフ、チーフと等級を設け、がんばった人ほどランクが上がって、報酬が上がる制度にしました。こういう仕組みにすれば、誰もががんばってたくさん働き、より上を目指すはずだ、と考えたのです。

たしかに、この人事制度によって生産性は高まったのですが、大きなマイナス面がありました。歩合制は手抜きをして数をこなす傾向を助長し、診療の質を低下させてしまうのです。また、スタッフのランク制は、子育てでフルタイム勤務ができない人にはマッチしないうえ、経験豊かなスタッフでもその制度になじまずにやめていくことになる。それで生じる損失のほうが大きいことにも、気づきました。

売上アップを目指すとなると、そのためにスタッフの確保・増員や施設の拡充をすることになり、コストがかかってしまい、想定したほど利益が上がらない。へたをすると、新規のスタッフがなれるまでは診療サービスが低下し、患者さんが不満を募らせることになりかねません。実際、私の歯科医院でも、短期間でやめるスタッフが次々にでてくると、頭数の確保が最優先になってしまい、歯科衛生士の人材にばらつきがでたことがありました。しかも、彼女たちを指導するベテランが疲弊するという事態を招いたのです。

そうした反省を踏まえて、人事に関する方針を、再度見直しました。

一つは、「経営理念である徳を共有できる人材を確保する」ことを徹底したことです。ドクターの採用は人となりを見て私が判断しますが、歯科衛生士に関してはベテランの女性スタッフに面接してもらい、彼女たちに一任することにしました。

また、極端な成果主義をやめて、職能を考慮した人事制度に変更しました。アスペック・グループのスタッフが働きやすく、やりがいを感じられる仕組みも取り入れました。

子育て中のスタッフは夕方は早退でき、場合によっては午前中だけの勤務でも可能なかたちにしています。そのために、予約の入れ方を工夫しました。午前中はフルに診療の予約を入れますが、午後は診療用のチェアを少し空くようにし、夕方にはさらに空きを増やすかたちです。スタッフの子どもが熱を出したときなどには、前日に連絡すれば誰かに代わりを頼んで休めるよう、お互いに助け合う仕組みもつくりました。

この制度なら、家族を持つスタッフでも働きやすく、診療サービスの質が落ちることがありません。離職率が下がり、採用も楽になってきたのです。いまいるスタッフからは、「院長、定年まで勤めさせてくださいね」と言われたりします。

実は、この制度に移行してからも、以前と同じ水準の収益を確保できているのです。まわりの人たちが望むこと、幸せを第一に考えて行動すると結果はあとからついてくる、と徳のある経営者がよく言っていることですが、それが実現できるのだと、この人事制度で実感しました。

これで思い起こすのが、『論語の活学《かつがく》』(プレジデント社)の巻頭にある一節です。

「利に放《よ》って行えば怨《うら》み多し」

　という『論語』の言葉を引用し、安岡さんはこう諭しています。

「人々は皆、『利』を追って暮らしているが、利を求めてかえって利を失い、利によって誤られて、際限もなく怨みを作っている。（中略）『利の本は義』『利は義の和なり』（『左伝《さでん》』）という。したがって本当に利を得ようとすれば、『いかにすることが〝義〟か』という根本に立ち返らなければならない」

　人間学を学び始めたころ、安岡さんの言葉のように実践しよう、と誓ったものでした。しかし、いざ経営の数字に向き合うと、ときとして学んだことをきれいさっぱり忘れてしまうのです。私が取り入れた成果主義は、先進の人事制度だったかもしれませんが、要は効率性、利益を追求したものでした。

　私がひたすら「利」を求めようとすれば、それは組織に影響し、「利」に走るスタッフが出てきて、お金や信用を損なうようなトラブルが起きてしまうのです。

　病気で倒れてからは、これまでに学んだ「安岡人間学」が私の深いところまで染み込んでくるようになりました。スタッフの幸不幸にも目を向け、大きな見地から考えられるようになりました。

　経営者の「徳」がいかに大事か。日々、かみしめるようになりました。

人間学を学んだことへの恩返し

これまで勉強してきた人間学の大事さを、多くの人たちに伝えていかなければならない、と思うようになりました。人間学を学んだことへの恩返しです。

平成二三年一月から始めた盛和塾岡山で中国古典の勉強会が、その一つです。伝え方は多少へたくそかもしれませんが、思いは誰にも負けません。

きっかけは盛和塾の塾長例会でした。ある大会のあとの食事会で『南洲翁遺訓《なんしゅうおういくん》』という本の話が出たのですが、岡山のメンバーが知らなくて、恥をかいてしまったというのです。

稲盛塾長が座右の銘としている「敬天愛人《けいてんあいじん》」は、西郷隆盛の言葉で、その話がこの本に出ています。南洲翁とは西郷南洲、つまり西郷隆盛のこと。戊辰の役で敗北した庄内藩に対する処罰が比較的軽かったのは、敵対していた薩摩藩の西郷の配慮によるものだと知った旧庄内藩士が、西郷から聞いた話を明治になってまとめたものです。

盛和塾は、稲盛和夫さんの京セラフィロソフィーを学ぶ場です。『南洲翁遺訓』の話は、機関紙に出ていたのですが、みんなよく目を通していなかったようです。

「せっかく盛和塾にいるのだから、勉強しないと」

「でも古典の勉強をしたくても、どこでどう勉強したらいいかわかりません」

そういう声を聞いて、私が男気を出してこう切りだしました。

「わかりました。それなら、私が勉強会を企画しましょう」

ボランティアで、勉強会を主宰することにしたのです。初心者でも学べるテーマ設定などについて、中国文学者の守屋洋さんに相談に乗っていただき、古典講座を始めました。

講師を務めるのは私、手づくりで資料を用意し、ひとりで運営するのはなかなか大変ですが、私にとっても古典を学び直すいい機会になりました。

最初の二年間は中国の古典のアウトラインを把握してもらい、三年目に安岡さんの『知命と立命』を勉強、続いて同じく安岡さんの著書『陰騭録を読む』と『呻吟語を読む』を取り上げました。

知識を詰め込むだけの勉強会になってしまうと、つまらないものです。聴いている人たちを退屈させないために、必ずいまどきの問題と結びつけて話すようにしました。おかげで私の古典勉強会は次第に評判になって、五、六人から始まったのが、三〇人ぐらいになりました。この本の執筆のために勉強会をお休みにしてもらいましたが、リクエストも多いので再開する予定です。

中国古典の勉強会に参加していたなかに、仕事が終わってから、毎日一時間は必ず本を読むことを習慣にしているという真面目な経営者がいらっしゃいます。その方は、人間学を学び始めてから、「社長、変わりましたねえ」とまわりから言われるようになり、「仕事に自信が出てきて、毎日が楽しくてしかたがない」と喜んでいます。

そういう例を見るにつけ、安岡さんが言われるとおり「人は学問修養次第で違ってくるものだ」という思いを深くします。

歴代の日本の首相が安岡正篤さんに教えを受けたり、昭和の著名な経営者がその教えを信奉していたためか、「安岡人間学」が崇《あが》められてしまい、一般の人たちにとっては、かなりハードルが高く感じられるところがあります。けれども、安岡さんの教えは、私が学び実践してきたように、世のお父さんやお母さん、さらには飲食店で働く女性にまで役立つ「智慧《ちえ》」なのです。

ですから第四章で紹介した広島大学と岡山大学での特別講義や、経営者の集まりなどの場を借りて、「安岡人間学」の魅力を一人でも多くの人に伝えることを心がけています。

人に教える一方で、私が人間学を学ぶことも忘れていません。

本原さんとの読書会は、安岡さんの本をほとんど読みきったことと、本原さんの仕事が忙しくなって二人の時間調整が難しくなったために、平成二三年末に終了しました。六年間も続いた貴重な学びの場でした。あとは、ひとりで安岡さんの本を何冊か読みきりました。詳細な読書記録は、第三章の一二九ページをご覧ください。

それより二年ほど前に一か月ほど入院したときに、「もう一度、古典や人間学を基礎から学び直そう」と思い立ちました。「安岡人間学」は古今東西さまざまな学問などから編み上げられていて、なかでも大きな柱をなしているのが中国の古典だからです。

プレジデント社から中国文学者守屋洋さんの古典講座の案内がきたのをきっかけに、月に一度、東京都内で開かれる守屋さんの中国古典講座に参加することになりました。

案内がきた講座のテーマは「三国志の人間学」でした。『三国志』が大好きなので、案内を見た瞬間に、「これは行かなくては」と、即座に申し込みをしました。平成二二年四月のことです。

この講座では、『呻吟語』『菜根譚《さいこんたん》』『老子』など人生を考えるテーマや、『孫子』『戦国策』などの戦術、戦略を学ぶテーマを取り上げていて、私の貴重な学びの場となっています。

ほかにも安岡定子さんの『論語』指導者育成塾、竹村亞希子さんの『易経』講座などにも参加して、見識を広めています。

私を家族が迎え入れてくれた！

最後に、人間学を学んだことで家族との関係がどう変わったか、をご報告しましょう。

「お父さん、丸くなったね」

元気になった長女が、そう声をかけてくれました。高校三年になったときです。病気が治ってほしいという一心で長女に向き合ってきた私を、ようやく受け入れられるようになったのです。なによりも私がうれしかったのですが、再生に向かって揃って歩み始めた家族が本物だということを確信できた出来事でした。

長女は無事に高校を卒業、大学では自分の体験を活かそうと、いろいろなことに積極的に取り組みました。長女の学校で話を聞くと、中学・高校で不登校になった生徒のうち卒業できたのは、私の娘だけでした。それを考えると、娘もよくがんばったと思います。

この間に、妻も変わりました。長女の子育てで学んだことを、長男と次男の子育てに活かしたいと、彼らの個性を伸ばすことを心がけているようです。

最近、妻ともよく話すのですが、「娘が病気になったのをきっかけにして、壊れかけた家庭が元に戻り、事業もうまく回りだした。子どもが親を成長させてくれたんだなあ」と、感じるのです。

娘たちとはどう接していいのか戸惑いがありましたが、長男が小学四年生のときにソフトボールを始めたことで、息子たちとはコミュニケーションがとりやすくなりました。

長男が中学校で野球部に入ってからは、夫婦で応援に行くようになったことで、休日は妻と一緒に過ごす時間が持てるようになり、だんだんと話が通じるようになってきました。

中学・高校時代にはひと言も話そうとしなかった次女も、大学進学が近づいたころからは、進路について私と話すようになりました。就職のときにも相談に乗り、いまでは何かあると必ず連絡してくるようになっています。

野球部で主将を務めていた長男に比べ、ちゃらんぽらんなところのある次男には、歯科医院の院長室に連れていき、大学の学生のための講義用のスライドを使って、人間学の話を聞かせたこともあります。初めて院長室の本棚を見た次男は「お父さん、こんなに本持ってたのか」と驚いて、どうするつもりなのか、スマホで写真を撮っていました。

子どもたちから進路を相談されると、「世の中はきびしいよ。しなければならない努力は、きちんとやりなさい」と話していますが、「脱いだ靴をきちんと揃えたり、朝、起きたら挨拶することもちゃんとしなさい。社会に出ても、そういうことが大事なんだぞ」と、人としての基本を教えることも心がけています。それ以外にも、息子たちが人間学を学ぶ機会を意識的につくっています。最近、長男と次男に、森信三さんの『10代のための人間学』を読ませ、「何か感じたところに傍線を引いておきなさい」と宿題を出したりしました。

母を向島に帰し、娘たちが巣立ったいま、幸せな大家族を夢見たわが家は、快適に暮らすのには広すぎるのかもしれません。

「息子たちも巣立ったら、マンション暮らしのほうが便利よ」と言う妻の話を聞きながら、こう思うのです。それなりに歳月を経てきたこの家が、いつまでも家族一人一人の拠り所であってほしい。たとえば、娘が何かのおりに家に戻ってきたとき、「やっぱりこの家がいいわねえ、くつろげるもん」と感じられる場にしておきたい、と。

長女は就職し、社会人となりました。そんな彼女から最近、こんなメールをもらいました。

「父さん！　誕生日メールありがとう(*^^*)

私はこの家に生まれて幸せだよー！　本当に社会人になって痛感します。また来週日曜に岡山に帰るね」

あとがき

最後まで本書を読んでくださって、ありがとうございます。

この本を出そうと思い立ってから、実際に出版に至るまで、二年余りの月日が過ぎました。「長かったなあ」と思いますが、こうして形になってみると感無量です。

本書の帯をお願いした安岡定子さんに、本の題名について「なぜ『ひらける』が、ひらがななのですか?」との質問をいただきました。本書のタイトル「ひらける」には、「運命は、周囲の協力があって、初めて開くことが可能になる」、「運命は、周囲の協力があれば、おのずと拓けてくる」という、二通りの意味を込めました。運命を、自身の努力によって「拓いて」いこうとするのですが、実際には多くの人たちの力添えによって「開けて」いくものだからです。

私自身、かつては、「運命は己の力で切り拓くもの。自分さえがんばればなんとかなる」と思っていました。けれども娘の病気をきっかけに、「自分だけがいくらがんばったつもりでいても、物事はうまくいかないことがある」と気づきました。

そのときから私の周囲で、いろいろなことが変わっていきました。

人間学を学ぶことで、ものの考え方が変わってくると、他に対する対応が変わり、まわりの人との人間関係がよくなっていきます。それにより、さまざまな縁やつながりが生まれて、運命が変わっていきます。心の持ち方が、その人のおかれた環境を変えてしまうのです。その様子は本当に不思議で、まさに安岡正篤さんの言う「縁尋機妙」だと感じます。

私はいま五十代半ば、会社員であれば第二の人生を考えたり、第二の人生に向けて準備を始める年齢ですが、この本を書くことは、これまでの人生を総括できただけでなく、これから一〇年先、二〇年先のビジョンを描くことにもつながりました。

亡き父への思いを見直す機会にもなりました。耳が不自由で、稼ぎが少なかった父。もの心がついたときには、父の姿が情けなく思えて、「ああはなりたくない」と反発するように生きてきました。人生の二つの危機を乗り越えたいま、父の姿をふと思い浮べることがあります。親戚やまわりの人の温情によく助けられていましたが、見方を変えれば、父の人柄がまわりの人の心を動かしていたともいえるでしょう。あれが、父の持っていた徳なのだ、と気づいたのです。

本書を上梓するにあたって、さまざまな方とのご縁がありました。

帯への寄稿を快くお引き受けくださった安岡定子さん、本当にありがとうございました。

出版を了解し、強く後押ししてくださったプレジデント社企画編集部の神田久幸さん、編集協力の久保田正志さん、デザイナーの竹内雄二さん、また出版の縁をつないでくださった元プレジデント社の積裕司さんに、厚く御礼を申し上げます。

本書の内容の多くは、出版の趣旨に賛同し、取材に応じてくださったみなさんからの聴き取りによるものです。貴重なお話をしてくださり、ありがとうございました。

私を安岡人間学の世界に導いてくださったコンサルタントの齋藤忠さん、安岡本読書会の同志で私を尚友と呼んでくださる本原塾の本原康彦さん、盛和塾岡山のみなさん、アスペック・グループの事業を支援してくださっているみなさん、そしてアスペック・グループのスタッフに深く感謝申し上げます。

そして最後に、妻・寿美と四人の子どもたちへ。

「本当にありがとう。お父さんにとっては、この本はみんなとの大切な記録だよ」

私の好きな、安岡正篤の「言葉」

本文中で紹介できなかった、私の好きな安岡正篤さんの「言葉」のいくつかをご紹介します。なお、「言葉」はプレジデント社刊行の人間学講話シリーズから選びました。

見識と胆識

我々の思惟・言説・行為について、何が義か、利か、何人もが良心的に肯定することか、単なる私欲の満足にすぎぬことかというような価値判断力を見識（識見）という。見識は知識と異る。知は知性の機械的労作によっていくらでも得られるが、それだけでは見識にならない。理想を抱き、現実のいろいろな矛盾・抵抗・物理・心理との体験を経て、活きた学問をしてこなければ見識は養われない。この見識に関連して、特にそれが現実の矛盾・抵抗に屈することのない決断力・実行力をもつとき、これを胆識という。前述の胆気と見識との一和である。

『人生の大則』八九ページ～

徳性

「徳」は人を包容し、育成する力です。才徳円満というのは全人です。これは聖人・哲人である。人間そのものでなく、学歴とか、知識とかいわば手段的・方便的な形で人間を用いてきたのが現代社会であります。こういう世の中では、機械的、単なる知識的・理論的な手段が通って人間の根本精神が忘れられている。いわゆる根本精神から出てくる識見とか器量、そして信念、その人の徳望というものが大切であります。

『運命を創る』一〇八ページ　＊新装版一〇八ページ

「倹以《けんもっ》て徳を養う」とはどういうことか。倹は無駄遣いをしないということだ。徳を無駄遣いしてはいけない、つまり徳を損ずるようなこと、徳を無くするようなことを無思慮にやってはいけないということ。これは非常に大事なことです。

『知命と立命』二一五ページ〜　＊新装版二一五ページ〜

才がないと、我々の世の中は発展しない。その実、才に過ぎると、世の中は破綻する。徳に傾けば世の中は平和であり、敦厚であるけれども、これはまた功利的に伸びないということになりやすい。この才と徳という二つの要素は、昔から深く経世的眼光を持った者が、人間を論ずるについて常に意を用いた問題である。

『人生の大則』一五七ページ

――以上「徳性」

縁尋機妙、多逢聖因（多逢勝因）

田舎に出て野路を歩いておると、よく地蔵像に会う。あの地蔵は、観音とともに、日本でもっとも普及している仏であるが、観音に観音経があるように、地蔵に地蔵経がある。この地蔵経に、地蔵のいろいろの功徳の一つとして「多逢勝因」ということをあげている。我々はできるだけ勝因に逢うように、勝因をつくるように、勝縁を尊ぶことを心掛けることが大切なことである。

『人生の大則』二五七ページ

思考の三原則

（前略）中国民族、日本民族など、東洋民族の先覚者に共通に行なわれておりまする「思考の三原則」ともいうべきものがございます。

ものを考えるに当たっての三つの原則――その一つは、目先にとらわれないで、できるだけ長い目で観察するということであります。第二は、一面にとらわれないで、できるだけ多面的、できるならば全面的にも考察するということであります。第三が、枝葉末節にとらわれないで、できるだけ根本的に観察するということであります。

物事を、特に事業の問題、あるいはすべて困難な問題、そういう問題を目先で考える、一面的にとらえて観察する、あるいは枝葉末節をとらえて考えるというのと、少しく長い目で見る、多面的・全面的に見る、あるいは根本的に見るということとでは非常に違ってきます。ことによると結論が反対にさえなるものであります。そして、もちろんそういうふうに長い目で、そして多面的・全面的・根本的に見るほうが真をとらえやすいということは申すまでもありません。時局の問題などは特にそうでありまして、できるだけ長い目で、できるだけ多面的に、できれば全面的かつ根本的に見なければ、決して正しい考察は成り立たんと信ずるのであります。

『運命を創る』二〇ページ～　＊新装版二〇ページ～

知命と立命

「命《めい》」というのは絶対性、必然性、数学的に言うならば、必然にして十分という意味を持っている。

だいたいどんな哲学や科学でも、究《きわ》め尽《つ》くす、究尽してゆくと、必ずそこに絶対的、必然的なものがある。そこでこれを「天命」という。自然科学はこの天という「命」、必然的絶対なるものを、物の立場から研究、究尽していったものである。そして、科学的法則というものをいろいろ把握した。これはいわゆる「命を立つ」である。哲学は哲学、宗教は宗教、それぞれの立場から天命を追究して、これが天命であるというものをいろいろ立てていく、これが「立命」である。

『知命と立命』六四ページ～（＊新装版六四ページ～）

［著者紹介］
小林充治（こばやし・みつはる）
医療法人オリーブ
オリーブファミリーデンタルクリニック院長
（株）アスペック代表取締役
昭和35年広島県尾道市向島町生まれ。
岡山大学歯学部卒、同大学大学院歯学研究科卒。歯学博士。
平成4年オリーブファミリーデンタルクリニック（オリーブ歯科）開業。
平成7年医療法人オリーブ設立。
平成15年（株）アスペック設立。
岡山大学歯学部臨床教授。広島大学歯学部非常勤講師。
盛和塾岡山塾生。

「運命」は ひらける！
「安岡正篤の本」を読むと、仕事も家庭もうまくいく

2015年10月27日　第1刷発行

著　者　小林充治
発行者　長坂嘉昭
発行所　株式会社プレジデント社
〒102-8641　東京都千代田区平河町 2-16-1
平河町森タワー 13階
http://president.jp
http://presidentstore.jp/
電話：編集 (03)3237-3733
販売 (03)3237-3731

構　成　久保田正志
撮　影　早川智哉
編　集　神田久幸
販　売　高橋 徹　川井田美景
制　作　小池 哉
印刷・製本　図書印刷株式会社

ISBN 978-4-8334-5079-9
Printed in Japan